Yf 3137

LES
OEVVRES
DE MONSIEVR
MOLIERE.
TOME PREMIER.

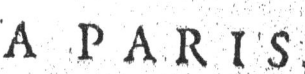

A PARIS,
Chez THOMAS IOLLY, Libraire Iuré, au Palais,
dans la petite Salle des Merciers, à la Palme,
& aux Armes d'Holande.

MDCLXVI.
Avec Privilege du Roy.

PIECES CONTENVES
EN CE Ier VOLVME.

LES PRECIEVSES RIDICVLES.
LE COCV IMAGINAIRE
L'ESTOVRDY.
LE DEPIT AMOVREVX

REMERCIEMENT AV ROY.

VOSTRE paresse enfin me scandalise,
Ma Muse obeïssez-moy;
Il faut ce matin, sans remise,
Aller au lever du Roy:
Vous sçavez bien pourquoy,
Et ce vous est une honte,
De n'avoir pas esté plus prompte,
A le remercier de ses fameux bien-faits:
Mais il vaut mieux tard que jamais;
Faites donc vostre conte,
D'aller au Louvre accomplir mes souhaits.
 Gardez-vous bien d'estre en Muse bastie;
Vn air de Muse est choquant dans ces lieux:
On y veut des objets à réjoüir les yeux,
Vous en devez estre avertie,
Et vous ferez vostre cour beaucoup mieux,
Lors qu'en Marquis vous serez travestie.
Vous sçavez ce qu'il faut pour paroître Marquis;
N'oubliez rien de l'air, ny des habits:
Arborez un chapeau chargé de trente plumes
Sur une perruque de prix;
Que le rabat soit des plus grands volumes,
Et le pourpoint des plus petits:
Mais sur tout je vous recommande

REMERCIEMENT

Le Manteau d'un ruban sur le dos retrouſſé :
La galanterie en eſt grande,
Et parmy les Marquis de la plus haute bande,
C'eſt pour eſtre placé.
　Avec vos brillantes hardes,
Et voſtre ajuſtement,
Faites tout le trajet de la Salle des Gardes,
Et vous peignant galamment,
Portez de tous coſtez vos regards bruſquemét,
Et ceux que vous pourrez connoiſtre,
Ne manquez pas d'un haut ton,
De les ſaluër par leur nom,
De quelque rang qu'ils puiſſent eſtre ;
Cette familiarité
Donne, à quiconque en uſe, un air de qualité.
　Gratez du peigne à la porte
De la Chambre du Roy,
Ou ſi, comme je prévoy,
La preſſe s'y trouve forte,
Montrez de loin voſtre chapeau,
Ou montez ſur quelque choſe,
Pour faire voir voſtre muzeau,
Et criez, ſans aucune pauſe,
D'vn ton rien moins que naturel,
Monſieur l'Huiſſier pour le Marquis un tel.
Iettez-vous dans la foule, & tranchez du notable ;
Coudoyez un chacun, point du tout de quartier,
Preſſez, pouſſez, faites le Diable,
Pour vous mettre le premier :
Et quand meſme l'Huiſſier,
A vos deſirs inexorable,　　　　　　　(ble,
Vous trouveroit en face un Marquis repouſſa-

AV ROY.

Ne demordez point pour cela,
Tenez toûjours ferme là;
A déboucher la porte il iroit trop du voſtre:
Faites qu'aucun n'y puiſſe penetrer,
Et qu'on ſoit obligé de vous laiſſer entrer,
Pour faire entrer quelqu'autre.
 Quand vous ſerez entré, ne vous relâchez pas;
Pour aſſieger la chaiſe, il faut d'autres combats:
Tâchez d'en eſtre des plus proches,
En y gagnant le terrain pas à pas;
Et ſi des aſſiegeans le prévenant amas
En bouche toutes les approches,
Prenez le party doucement,
D'attendre le Prince au paſſage:
Il connoiſtra voſtre viſage,
Malgré voſtre déguiſement,
Et lors, ſans tarder davantage,
Faites-luy voſtre compliment.

 Vous pourriez ayſément l'étendre,
Et parler des tranſports, qu'en vous font éclater,
Les ſurprenants bien-faits, que ſans les meriter,
Sa liberale main ſur vous daigne répandre,
Et des nouveaux efforts, où s'en va vous porter
L'excez de cét honneur où vous n'oſiez pretendre;
Luy dire comme vos deſirs
Sont, aprés ſes bontez, qui n'ont point de pareilles,
D'employer à ſa gloire, ainſi qu'à ſes plaiſirs
Tout voſtre art & toutes vos veilles;
Et là deſſus luy promettre merveilles.

8 REMERCIEMENT AV ROY.
Sur ce chapitre on n'est jamais à sec :
Les Muses sont de grandes prometteuses,
Et comme vos Sœurs les causeuses,
Vous ne manquerez pas, sans doute, par le bec :
Mais les Grands Princes n'ayment gueres
Que les complimens qui sont courts;
Et le nostre sur tous a bien d'autres affaires,
Que d'écouter tous vos discours.
La loüange & l'encens n'est pas ce qui le touche,
Dés que vous ouvrirez la bouche
Pour luy parler de grace, & de bien-fait,
Il côprendra d'abord ce que vous voudrez dire,
Et se mettant doucement à soûrire,
D'un air, qui sur les cœurs fait un charmant ef-
fet,
Il passera comme un trait,
Et cela vous doit suffire,
Voila vostre compliment fait.

LES PRECIEVSES RIDICVLES, COMEDIE.

PREFACE.

C'EST une chose étrange, qu'on imprime les Gens malgré eux. Ie ne vois rien de si injuste, & je pardonnerois toute autre violence, plustost que celle-là.

Ce n'est pas que je veüille faire icy l'autheur modeste, & mépriser par honneur ma Comedie. I'offenserois mal à propos tout Paris, si je l'accusois d'avoir pû applaudir à une sottise; comme le public est le Iuge absolu de ces sortes d'ouvrages, il y auroit de l'impertinence à moy de le démentir, & quand j'aurois eu la plus mauvaise opinion du monde de mes Precieuses Ridicules, avant leur representation, je dois croire maintenant, qu'elles valent quelque chose, puisque tant de

A vj

PREFACE.

gens ensemble en ont dit du bien: mais comme une grande partie des graces, qu'on y a trouvées, dépendent de l'action, & du ton de voix, il m'importoit, qu'on ne les dépoüillast pas de ces ornemens, & je trouvois que le succés, qu'elles avoient eu dans la representation, estoit assez beau, pour en demeurer là. I'avois résolu, dis-je, de ne les faire voir qu'à la chandelle, pour ne point donner lieu à quelqu'un de dire le Proverbe ; & je ne voulois pas qu'elles sautassent du Theatre de Bourbon, dans la Galerie du Palais. Cependant je n'ay pû l'éviter, & je suis tombé dans la disgrace de voir une copie dérobée de ma piece, entre les mains des Libraires, accompagnée d'un Privilege obtenu par surprise. I'ay eu beau crier, ô temps ! ô mœurs ! on m'a fait voir une necessité pour moy d'estre imprimé, ou d'avoir un procés; & le dernier mal est encore pi-

PREFACE.

re que le premier. Il faut donc se laisser aller à la destinée, & consentir à une chose, qu'on ne laisseroit pas de faire sans moy.

Mon Dieu, l'étrange embarras, qu'un Livre à mettre au jour ! & qu'un Autheur est neuf, la premiere fois qu'on l'imprime ; encore si l'on m'avoit donné du temps, j'aurois pû mieux songer à moy, & j'aurois pris toutes les précautions, que Messieurs les Autheurs, à present mes confreres, ont coustume de prendre en semblables occasions. Outre quelque grand Seigneur, que j'aurois esté prendre malgré luy, pour Protecteur de mon Ouvrage, & dont j'aurois tenté la liberalité, par une Epistre dedicatoire bien fleurie ; j'aurois tasché de faire une belle & docte Preface, & je ne manque point de Livres, qui m'auroient fourny tout ce qu'on peut dire de sçavant sur la Tragedie, & la Co-

PREFACE.

medie; l'Etymologie de toutes deux, leur origine, leur definition, & le reste. J'aurois parlé aussi à mes amis, qui pour la recommandation de ma Piece, ne m'auroient pas refusé, ou des Vers François, ou des Vers Latins. J'en ay mesme qui m'auroient loüé en Grec, & l'on n'ignore pas qu'une loüange en Grec, est d'une merveilleuse efficace à la teste d'un Livre: Mais on me met au jour, sans me donner le loisir de me reconnoître; Et je ne puis mesme obtenir la liberté de dire deux mots, pour justifier mes intentions, sur le sujet de cette Comedie. J'aurois voulu faire voir qu'elle se tient par tout dans les bornes de la satyre honneste, & permise; Que les plus excellentes choses sont sujettes à estre copiées par de mauvais Singes, qui meritent d'estre bernez; que ces vicieuses imitations de ce qu'il y a de plus parfait, ont esté de tout temps la

PREFACE.

matiere de la Comedie, & que par la mesme raison, les veritables Sçavans, & les vrays Braves, ne se sont point encore avisez de s'offenser du Docteur de la Comedie, & du Capitan; non plus que les Iuges, les Princes, & les Rois, de voir Trivelin, ou quelque autre sur le Theatre, faire ridiculement le Iuge, le Prince, ou le Roy: aussi les veritables Precieuses, auroient tort de se piquer, lors qu'on jouë les Ridicules, qui les imitent mal: Mais enfin, comme j'ay dit, on ne me laisse pas le temps de respirer, & Monsieur de Luynes veut m'aller relier de ce pas: A la bonne heure, puisque Dieu l'a voulu.

LES PERSONNAGES.

LA GRANGE,
DV CROISY, } *Amans rebutez.*
GORGIBVS, bon Bourgeois.
MAGDELON, fille de Gorgibus.
CATHOS, Niéce de Gorgibus. } *Precieuses Ridicules.*
MAROTTE, Servante des Precieuses Ridicules.
ALMANZOR, Laquais des Precieuses Ridicules.
LE MARQVIS DE MASCARILLE, Valet de la Grange.
LE VICOMTE DE IODELET, Valet de du Croisy.
DEVX PORTEVRS de chaise.
VOISINES.
VIOLONS.

LES PRECIEVSES RIDICVLES.

SCENE I.

LA GRANGE, DV CROISI.

DV CROISI.

eignevr la Grange.
LA GRANGE.
Quoy?
DV CROISI.
Regardez-moy un peu sans rire.

LA GRANGE.

Et bien?

DV CROISI.

Que dites-vous de nostre visite? en estes-vous fort satisfait?

LA GRANGE.

A vostre avis, avons-nous sujet de l'estre tous deux?

DV CROISI.

Pas tout à fait, à dire vray.

LA GRANGE.

Pour moy je vous avoüe que j'en suis tout scandalisé. A-t'on jamais veu, dites moy, deux Pecques Provinciales faire plus les rencheries que celles-là, & deux hommes traitez avec plus de mépris que nous? A peine ont-elles pû se resoudre à nous faire donner des sieges. Ie n'ay jamais veu tant parler à l'oreille qu'elles ont fait entr'elles, tant baailler, tant se frotter les yeux, & demander tant de fois quelle heure est-il? Ont-elles répondu que, oüy, & non, à tout ce que nous avons pû leur dire? Et ne m'avoüerez-vous pas enfin, que quand nous aurions esté les dernieres personnes du monde,

RIDICVLES. 21

on ne pouvoit nous faire pis qu'elles ont fait ?

DV CROISI.

Il me semble que vous prenez la chose fort à cœur.

LA GRANGE.

Sans doute je l'y prens, & de telle façon que je veux me vanger de cette impertinence. Ie connoy ce qui nous a fait mépriser. L'air precieux n'a pas seulement infecté Paris, il s'est aussi répandu dans les Provinces, & nos Donzeles ridicules en ont humé leur bonne part. En un mot, c'est un ambigu de Precieuse & de Coquette que leur personne; Ie voy ce qu'il faut estre, pour en estre bien receu, & si vous m'en croyez, nous leur joüerons tous deux une piece, qui leur fera voir leur sottise, & pourra leur apprendre à connoître un peu mieux leur monde.

DV CROISI.

Et comment encore?

LA GRANGE.

I'ay un certain valet nommé Mascarille, qui passe, au sentiment de beaucoup de gens, pour une maniere de bel esprit; car il n'y a rien à meilleur marché que le bel esprit maintenant. C'est un extravagant, qui s'est mis dans la teste de vouloir faire l'homme de condition. Il se pique ordinairement de galanterie, & de Vers, & dédaigne les autres valets jusqu'à les appeller brutaux.

DV CROISI.
Et bien qu'en pretendez-vous faire?
LA GRANGE.
Ce que j'en pretens faire; il faut.. ..
mais sortons d'icy auparavant.

SCENE II.

GORGIBVS, DV CROISI, LA GRANGE.

GORGIBVS.

ET bien, vous avez veu ma niéce & ma fille, les affaires iront-elles bien ? quel est le resultat de cette visite?

LA GRANGE.

C'est une chose que vous pourrez mieux apprendre d'elles, que de nous. Tout ce que nous pouvons vous dire, c'est que nous vous rendons graces de la faveur que vous nous avez faite, & demeurons vos tres-humbles serviteurs.

GORGIBVS.

Oüais, il semble qu'ils sortent mal satisfaits d'icy : d'où pourroit venir leur mécontentement ? il faut sçavoir un peu ce que c'est. Hola.

SCENE III.

MAROTTE, GORGIBVS.

MAROTTE.

QVE desirez vous, Monsieur?
GORGIBVS.
Où sont vos Maistresses?
MAROTTE.
Dans leur cabinet.
GORGIBVS.
Que font elles?
MAROTTE.
De la pommade pour les levres.
GORGIBVS.
C'est trop pommadé: Dites leur qu'elles descendent. Ces pendardes-là avec leur pommade ont, je pense, envie de me ruiner. Ie ne voy par tout que blancs d'œufs, lait virginal, & mille autres brinborions que je ne connois point. Elles on

usé, depuis que nous sommes icy, le lard d'une douzaine de cochons, pour le moins; & quatre valets vivroient tous les jours des pieds de mouton qu'elles employent.

SCENE IV.

MAGDELON, CATHOS, GORGIBVS.

GORGIBVS.

IL est bien necessaire, vrayement, de faire tant de dépense pour vous graisser le museau. Dites-moy un peu ce que vous avez fait à ces Messieurs, que je les voy sortir avec tant de froideur? Vous avois-je pas commandé de les recevoir comme des personnes, que je vous voulois donner pour maris?

MAGDELON.

Et quelle estime, mon pere, voulez-vous que nous fassions du procedé irregulier de ces gens-là ?

CATHOS.

Le moyen, mon oncle, qu'une fille un peu raisonnable se pût accommoder de leur personne ?

GORGIBVS.

Et qu'y trouverez-vous à redire ?

MAGDELON.

La belle galanterie que la leur ! quoy debuter d'abord par le mariage ?

GORGIBVS.

Et par où veux-tu donc qu'ils débutent? par le concubinage ? n'est-ce pas un procedé, dont vous avez sujet de vous loüer toutes deux, aussi-bien que moy ? est-il rien de plus obligeant que cela ? & ce lien sacré où ils aspirent n'est-il pas un témoignage de leurs intentions ?

MAGDELON.

Ah mon pere! ce que vous dites-là est du dernier Bourgeois. Cela me fait honte de vous oüir parler de la sorte, & vous devriez un peu vous faire apprendre le bel air des choses.

GORGIBVS.

Ie n'ay que faire, ny d'air, ny de chanson. Ie te dis que le mariage est une cho-

RIDICVLES. 27

se sacrée, & que c'est faire en honnestes gens que de débuter par là.

MAGDELON.

Mon Dieu, que si tout le monde vous ressembloit, un Roman seroit bien-tost finy : la belle chose que ce seroit, si d'abord Cyrus épousoit Mandane, & qu'Aronce de plein pied fust marié à Clelie.

GORGIBVS.

Que me vient conter celle-cy ?

MAGDELON.

Mon pere, voila ma cousine, qui vous dira, aussi-bien que moy, que le mariage ne doit jamais arriver qu'aprés les autres avantures. Il faut qu'un Amant, pour étre agreable, sçache debiter les beaux sentimens, pousser le doux, le tendre, & le passionné, & que sa recherche soit dans les formes. Premierement, il doit voir au Temple ou à la promenade, ou dans quelque ceremonie publique, la personne dont il devient amoureux ; ou bien estre conduit fatalement chez elle, par un parent ou un amy, & sortir de là tout réveur & mélancolique. Il cache un temps sa passion à l'objet aymé, & cependant luy rend plusieurs visites, où l'on ne manque jamais de mettre sur le tapis une question galante, qui exerce les esprits de l'assemblée. Le jour de la declaration arrive, qui se doit faire ordinairement dans une allée de quelque jardin, tandis que la compagnie s'est un peu éloignée; & cette déclaration est suivie d'un prompt courroux, qui paroist à nostre rougeur, & qui pour un temps bannit l'Amant de nostre presence. Ensuite, il trouve moyen de nous appaiser, de nous accoustumer insensiblement au discours de sa passion, & de tirer de nous cét aveu qui fait tant de peine. Aprés cela viennent les aventures; les Rivaux qui se jettent à la traverse d'une inclination établie, les persecutions des Peres, les jalousies conceuës sur de fausses apparences, les plaintes, les desespoirs, les enlevemens, & ce qui s'ensuit. Voila comme les choses se traitent dans les belles manieres, & ce sont des regles dont en bonne galanterie on ne sçauroit se dispenser; mais en venir de but en blanc à l'union conjugale! ne faire l'amour qu'en faisant le contract du mariage! & prendre justement le Roman par la queuë! Encore un coup, mon pere, il ne se peut rien de plus Marchand que ce procedé; & j'ay mal au cœur de la seule vision que cela me fait.

GORGIBVS.

Quel diable de jargon entens-je icy? voicy bien du haut style.

CATHOS.

En effet, mon oncle, ma cousine donne dans le vray de la chose. Le moyen de bien recevoir des gens qui sont tout à fait incongrus en galanterie? je m'en vais gager qu'ils n'ont jamais veu la Carte de Tendre, & que billets doux, petits soins, billets galans & jolis Vers, sont des terres inconnuës pour eux. Ne voyez-vous pas que toute leur personne marque cela, & qu'ils n'ont point cét air qui donne d'abord bonne opinion des gens? venir en visite amoureuse avec une jambe toute unie; un chapeau desarmé de plumes; une teste irreguliere en cheveux, & un habit qui souffre une indigence de rubans; mon Dieu quels Amans sont-ce là! quelle frugalité d'ajustement, & quelle secheresse de conversation! on n'y dure point, on n'y tient pas. I'ay remarqué encore que leurs rabats ne sont pas de la bonne fai-

B iij

seuse, & qu'il s'en faut plus d'un grand demy-pied, que leurs hauts de chausses, ne soient assez larges.

GORGIBVS.

Ie pense qu'elles sont folles toutes deux, & je ne puis rien comprendre à ce baragoin. Cathos & vous Magdelon.

MAGDELON.

Eh de grace, mon pere, défaites-vous de ces noms estranges, & nous appellez autrement.

GORGIBVS.

Comment, ces noms estranges ? ne sont-ce pas vos noms de Baptesme ?

MAGDELON.

Mon Dieu, que vous estes vulgaire! pour moy un de mes estonnemens, c'est que vous ayez pû faire une fille si spirituelle que moy. A-t'on jamais parlé dans le beau style, de Cathos ny de Magdelon? & ne m'avoüerez-vous pas que ce seroit assez d'un de ces noms pour décrier le plus beau Roman du monde ?

CATHOS.

Il est vray, mon oncle, qu'une oreille un peu delicate pâtit furieusement à entendre prononcer ces mots-là, & le nom

de Polixene, que ma cousine a choisi, & celuy d'Aminthe, que je me suis donné, ont une grace, dont il faut que vous demeuriez d'accord.
GORGIBVS.
Escoutez, il n'y a qu'un mot qui serve. Ie n'entends point que vous ayez d'autres noms que ceux qui vous ont esté donnez par vos parrains & marraines, & pour ces Messieurs, dont il est question, je connois leurs familles & leurs biens, & je veux résolument, que vous vous disposiez à les recevoir pour maris. Ie me lasse de vous avoir sur les bras, & la garde de deux filles est une charge un peu trop pesante, pour un homme de mon aage.
CATHOS.
Pour moy, mon oncle, tout ce que je vous puis dire, c'est que je treuve le mariage une chose tout à fait choquante. Comment est-ce qu'on peut souffrir la pensée de coucher contre un homme vrayement nud?
MAGDELON.
Souffrez que nous prenions un peu haleine parmy le beau monde de Paris, où nous ne faisons que d'arriver. Laissez-

nous faire à loisir le tissu de nostre Roman, & n'en pressez point tant la conclusion.

GORGIBVS.

Il n'en faut point douter, elles sont achevées. Encore un coup, je n'entens rien à toutes ces balivernes, je veux estre Maistre absolu; & pour trancher toutes sortes de discours, ou vous serez mariées toutes deux, avant qu'il soit peu, ou, ma foy, vous serez Religieuses, j'en fais un bon serment.

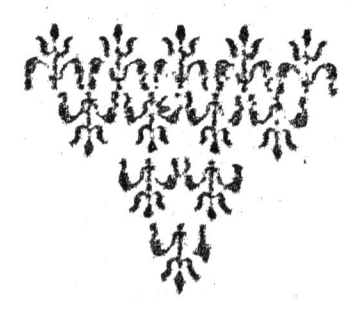

SCENE V.

CATHOS, MAGDELON.

CATHOS.

MON Dieu, ma chere, que ton pere a la forme enfoncée dans la matiere! que son intelligence est épaisse, & qu'il fait sombre dans son ame!

MAGDELON.

Que veux-tu, ma chere? j'en suis en confusion pour luy. I'ay peine à me persuader que je puisse estre veritablement sa fille, & je croy que quelque avanture un jour me viendra déveloper une naissance plus illustre.

CATHOS.

Ie le croirois bien, oüy, il y a toutes les apparences du monde, & pour moy, quand je me regarde aussi........

SCENE VI.

MAROTTE, CATHOS, MAGDELON.

MAROTTE.

VOILA un laquais qui demande si vous estes au logis, & dit que son Maistre vous veut venir voir

MAGDELON.

Apprenez, sotte, à vous énoncer moins vulgairement. Dites, voila un necessaire qui demande si vous estes en commodité d'estre visibles.

MAROTTE.

Dame, je n'entens point le Latin, & je n'ay pas appris, comme vous, la Filosofie dans le grand Cyre.

MAGDELON.

L'impertinente ! le moyen de souffrir cela ! & qui est-il le Maistre de ce laquais !

RIDICVLES.
MAROTTE.
Il me l'a nommé le Marquis de Mascarille.
MAGDELON.
Ah ma chere! un Marquis, oüy, allez dire qu'on nous peut voir. C'est sans doute un bel esprit, qui aura oüy parler de nous.
CATHOS.
Asseurément, ma chere.
MAGDELON.
Il faut le recevoir dans cette salle basse, plustost qu'en nostre chambre; ajustons un peu nos cheveux au moins, & soustenons nostre reputation. Viste, venez nous attendre icy dedans le conseiller des graces.
MAROTTE.
Par ma foy, je ne sçay point quelle beste c'est là, il faut parler Chrestien, si vous voulez que je vous entende.
CATHOS.
Apportez-nous le miroir, ignorante que vous estes. Et gardez-vous bien d'en salir la glace, par la communication de vostre image.

SCENE VII.
MASCARILLE.
DEVX PORTEVRS.

MASCARILLE.

HOLA, porteurs, hola. Là, là, là, là, là, là. Ie pense que ces marauts là ont dessein de me briser à force de heurter contre les murailles & les pavez.

1. PORTEVR.

Dame, c'est que la porte est estroite. Vous avez voulu aussi que nous soyons entrez jusqu'icy.

MASCARILLE.

Ie le croy bien. Voudriez-vous, faquins, que j'exposasse l'embonpoint de mes plumes, aux inclemences de la saison pluvieuse ? & que j'allasse imprimer mes souliers en bouë; allez, ostez vostre chaise d'icy.

RIDICVLES. 37

2. PORTEVR.

Payez nous donc, s'il vous plaiſt, Monſieur.

MASCARILLE.

Hem ?

2. PORTEVR.

Ie dis, Monſieur, que vous nous donniez de l'argent, s'il vous plaiſt.

MASCARILLE, *luy donnant un ſouflet.*

Comment, coquin, demander de l'argent à une perſonne de ma qualité ?

2. PORTEVR.

Eſt-ce ainſi qu'on paye les pauvres gens ? & voſtre qualité nous donne-t'elle à diſner ?

MASCARILLE.

Ah, ah, ah, je vous apprendray à vous connoiſtre. Ces canailles-là s'oſent joüer à moy.

1. PORTEVR, *Prenant un des baſtons de ſa chaiſe.*

Çà, payez-nous viſtement.

MASCARILLE.

Quoy ?

1. PORTEVR.

Ie dis, que je veux avoir de l'argent tout à l'heure.

38　LES PRECIEVSES
MASCARILLE.
Il est raisonnable.
1. PORTEVR.
Viste donc.
MASCARILLE.
Ouy-dà, tu parles comme il faut, toy: mais l'autre est un coquin, qui ne sçait ce qu'il dit. Tien, es-tu content?
1. PORTEVR.
Non, je ne suis pas content, vous avez donné un soufflet à mon camarade,& .....
MASCARILLE.
Doucement, tien, voila pour le soufflet. On obtient tout de moy, quand on s'y prend de la bonne façon. Allez, venez me reprendre tantost, pour aller au Louvre au petit coucher.

SCENE VIII.

MAROTTE, MASCARILLE.

MAROTTE.

MONSIEVR, voila mes Maistresses qui vont venir tout à l'heure.
MASCARILLE.
Qu'elles ne se pressent point, je suis icy posté commodément pour attendre.
MAROTTE.
Les voicy.

SCENE IX.

MAGDELON, CATHOS, MASCARILLE, ALMANZOR.

MASCARILLE, *aprés avoir salüé.*

Mes Dames, vous serez surprises, sans doute de l'audace de ma visite; mais vostre reputation vous attire cette méchante affaire, & le merite a pour moy des charmes si puissans, que je cours par tout aprés luy.

MAGDELON.

Si vous poursuivez le merite, ce n'est pas sur nos terres que vous devez chasser.

CATHOS.

Pour voir chez nous le merite, il a fallu que vous l'y ayez amené.

MASCARILLE.

Ah, je m'inscris en faux contre vos paroles. La renommée accuse juste, en contant ce que vous vallez, & vous allez fai-

RIDICVLES.

re pic, repic, & capot, tout ce qu'il y a de galant dans Paris.

MAGDELON.

Voſtre complaiſance pouſſe un peu trop avant la liberalité de ſes loüanges, & nous n'avons garde, ma couſine & moy, de donner de noſtre ſerieux, dans le doux de voſtre flatterie.

CATHOS.

Ma chere, il faudroit faire donner des ſieges.

MAGDELON.

Hola, Almanzor.

ALMANZOR.

Madame.

MAGDELON.

Viſte, voiturez-nous icy les commoditez de la converſation.

MASCARILLE.

Mais au moins, y a-t'il ſeureté icy pour moy?

CATHOS.

Que craignez-vous?

MASCARILLE.

Quelque vol de mon cœur, quelque aſſaſſinat de ma franchiſe. Ie voy icy des yeux qui ont la mine d'eſtre de fort mau-

LES PRECIEVSES
vais garçons, de faire insulte aux libertez, & de traiter une ame de Turc à More. Comment diable, d'abord qu'on les approche, ils se mettent sur leur garde meurtriere? Ah! par ma foy je m'en défie, & je m'en vais gagner au pied, ou je veux caution bourgeoise, qu'ils ne me feront point de mal.

MAGDELON.
Ma chere, c'est le caractere enjoüé.

CATHOS.
Ie vois bien que c'est un Amilcar.

MAGDELON.
Ne craignez rien, nos yeux n'ont point de mauvais desseins, & vostre cœur peut dormir en asseurance sur leur prud'hommie.

CATHOS.
Mais de grace, Monsieur, ne soyez pas inexorable à ce fauteüil qui vous tend les bras il y a un quart d'heure, contentez un peu l'envie qu'il a de vous embrasser.

MASCARILLE, *aprés s'estre peigné & avoir ajusté ses Canons.*
Et bien, mes-Dames, que dites-vous de Paris?

MAGDELON.
Helas! qu'en pourrions-nous dire? Il

RIDICVLES. 43
faudroit estre l'antipode de la raison, pour ne pas confesser que Paris est le grand bureau des merveilles, le centre du bon goust, du bel esprit & de la galanterie.

MASCARILLE.
Pour moy, je tiens que hors de Paris, il n'y a point de salut pour les honnestes gens.

CATHOS.
C'est une verité incontestable.

MASCARILLE.
Il y fait un peu croté, mais nous avons la Chaise.

MAGDELON.
Il est vray que la Chaise est un retranchement merveilleux contre les insultes de la bouë, & du mauvais temps.

MASCARILLE.
Vous recevez beaucoup de visites ? Quel bel esprit est des vostres ?

MAGDELON.
Helas, nous ne sommes pas encore connuës ; mais nous sommes en passe de l'estre, & nous avons une amie particuliere, qui nous a promis d'amener icy tous ces Messieurs du Recuëil des Pieces Choisies.

LES PRECIEVSES

CATHOS.

Et certains autres qu'on nous a nommez aussi pour estre les arbitres souverains des belles choses.

MASCARILLE.

C'est moy qui feray vostre affaire mieux que personne, ils me rendent tous visite, & je puis dire que je ne me leve jamais sans une demy-douzaine de beaux Esprits.

MAGDELON.

Eh! mon Dieu, nous vous serons obligées de la derniere obligation, si vous nous faites cette amitié : car enfin, il faut avoir la connoissance de tous ces Messieurs-là, si l'on veut estre du beau monde. Ce sont ceux qui donnent le branle à la reputation dans Paris; & vous sçavez qu'il y en a tel, dont il ne faut que la seule frequentation, pour vous donner bruit de connoisseuse, quand il n'y auroit rien autre chose que cela. Mais pour moy ce que je considere particulierement, c'est que par le moyen de ces visites spirituelles, on est instruite de cent choses; qu'il faut sçavoir de necessité, & qui sont de l'essence d'un bel esprit. On apprend par

RIDICVLES.

, chaque jour, les petites nouvelles galantes; les jolis commerces de Prose, ou de Vers. On sçait à poinct nommé, Vn tel a composé la plus jolie piece du monde sur un tel sujet ; vne telle a fait des paroles sur un tel air; celuy-cy a fait un Madrigal sur une joüissance ; celuy-là a composé des Stances sur une infidelité; Monsieur un tel écrivit hier au soir un Sixain à Mademoiselle une telle, dont elle luy a envoyé la réponse ce matin sur les huit heures ; vn tel Autheur a fait un tel dessein ; celuy là est à la troisiéme Partie de son Roman; cét autre met ses ouvrages sous la Presse; C'est là ce qui vous fait valoir dans les compagnies ; & si l'on ignore ces choses, je ne donnerois pas un clou de tout l'esprit qu'on peut av...

CATHOS.

En effet, je trouve que c'est rencherir sur le ridicule, qu'une personne se pique d'esprit, & ne sçache pas jusqu'au moindre petit Quatrain qui se fait chaque jour: & pour moy j'aurois toutes les hontes du monde, s'il falloit qu'on vinst à me demander, si j'aurois veu quelque chose de nouveau, que je n'aurois pas veu.

MASCARILLE.

Il est vray qu'il est honteux de n'avoir pas des premiers tout ce qui se fait ; mais ne vous mettez pas en peine, je veux établir chez vous une Academie de beaux Esprits, & je vous promets, qu'il ne se fera pas un bout de Vers dans Paris, que vous ne sçachiez par cœur avant tous les autres. Pour moy, tel que vous me voyez, je m'en escrime un peu quand je veux, & vous verrez courir de ma façon dans les belles Ruelles de Paris, deux cens Chansons, autant de Sonnets, quatre cens Epigrammes, & plus de mille Madrigaux, sans compter les Enigmes & les Portraits.

MAGDELON.

Ie vous avouë que je suis furieusement pour les Portraits; je ne vois rien de si galant que cela.

MASCARILLE.

Les Portraits sont difficiles, & demandent un esprit profond. Vous en verrez de ma maniere, qui ne vous déplairont pas.

CATHOS.

Pour moy j'aime terriblemét lesEnigmes

RIDICVLES. 47
MASCARILLE.
Cela exerce l'esprit, & j'en ay fait quatre encore ce matin, que je vous donneray à deviner.
MAGDELON.
Les Madrigaux sont agreables, quand ils sont bien tournez.
MASCARILLE.
C'est mon talent particulier, & je travaille à mettre en Madrigaux toute l'Histoire Romaine.
MAGDELON.
Ah ! certes, cela sera du dernier beau, j'en retiens un exemplaire au moins, si vous le faites imprimer.
MASCARILLE.
Ie vous en promets à chacune un, & des mieux reliez. Cela est au dessous de ma condition ; mais je le fais seulement pour donner à gagner aux Libraires, qui me persecutent.
MAGDELON.
Ie m'imagine que le plaisir est grand de se voir imprimé.
MASCARILLE.
Sans doute ; mais à propos, il faut que je vous die un Impromptu que je fis hier

chez une Duchesse de mes amies, que je fus visiter; car je suis diablement fort sur les Impromptus.

CATHOS.
L'impromptu est justement la pierre de touche de l'esprit.

MASCARILLE.
Escoutez-donc.

MAGDELON.
Nous y sommes de toutes nos oreilles.

MASCARILLE.
Oh, oh, je n'y prenois pas garde,
Tandis que sans songer à mal, je vous regarde,
Vostre œil en tapinois me dérobe mon cœur,
Au voleur, au voleur, au voleur, au voleur.

CATHOS.
Ah mon Dieu! voila qui est poussé dans le dernier galant.

MASCARILLE.
Tout ce que je fais, a l'air Cavalier, cela ne sent point le Pedant.

MAGDELON.
Il en est éloigné de plus de deux mille lieuës.

MASCARILLE.

Avez-vous remarqué ce commencement, *oh, oh* ? voila qui est extraordinaire, *oh, oh*. Comme un homme qui s'avise tout d'un coup, *oh, oh*. La surprise, *oh, oh*.

MAGDELON.

Oüy, je trouve ce *oh, oh*, admirable.

MASCARILLE.

Il semble que cela ne soit rien.

CATHOS.

Ah, mon Dieu, que dites-vous ? ce sont-là de ces sortes de choses qui ne se peuvent payer.

MAGDELON.

Sans doute, & j'aimerois mieux avoir fait, *oh, oh*, qu'un Poëme Epique.

MASCARILLE.

Tudieu, vous avez le goust bon.

MAGDELON.

Et, je ne l'ay pas tout à fait mauvais.

MASCARILLE.

Mais n'admirez-vous pas aussi, *je n'y prenois pas garde* ? *je n'y prenois pas garde*, je ne m'appercevois pas de cela. façon de parler naturelle, *Je n'y prenois pas garde*. Tandis que sans songer à mal.

C

LES PRECIEVSES

Tandis qu'innocemment, sans malice, comme un pauvre mouton ; *Ie vous regarde* ; c'est à dire, je m'amuse à vous considerer, je vous observe, je vous contemple. *Vostre œil en tapinois*....... Que vous semble de ce mot, *Tapinois*, n'est-il pas bien choisi ?

CATHOS.
Tout à fait bien.

MASCARILLE.
Tapinois, en cachette, il semble que ce soit un chat qui vienne de prendre une souris. *Tapinois*.

MAGDELON.
Il ne se peut rien de mieux.

MASCARILLE.
Me dérobe mon cœur, me l'emporte, me le ravit. *Au voleur, au voleur, au voleur, au voleur*. Ne diriez-vous pas que c'est un homme qui crie & court aprés un voleur pour le faire arrester, *au voleur, au voleur, au voleur, au voleur*.

MAGDELON.
Il faut avoüer que cela a un tour spirituel & galant.

MASCARILLE.
Je veux vous dire l'air que j'ay fait dessus

RIDICVLES.
CATHOS.
Vous avez appris la Musique?
MASCARILLE.
Moy? point du tout.
CATHOS.
Et comment donc cela se peut-il?
MASCARILLE.
Les gens de qualité sçavent tout, sans avoir jamais rien appris.
MAGDELON.
Asseurément, ma chere.
MASCARILLE.
Escoutez si vous trouverez l'air à vostre goust: *hem, hem, la, la, la, la, la.* La brutalité de la saison a furieusement outragé la délicatesse de ma voix; mais il n'importe, c'est à la Cavaliere.
Il chante.
Oh, oh, je n'y prenois pas....
CATHOS.
Ah! que voila un air qui est passionné; Est-ce qu'on n'en meurt point?
MAGDELON.
Il y a de la chromatique là-dedans.
MASCARILLE.
Ne trouvez-vous pas la pensée bien exprimée dans le chant? *au voleur.......* Et
C ij

LES PRECIEVSES

puis comme si l'on crioit bien fort, *au, au, au, au, au, au voleur* : Et tout d'un coup comme une personne essoufflée, *au voleur.*

MAGDELON.

C'est là sçavoir le fin des choses, le grand fin, le fin du fin. Tout est merveilleux, je vous asseure; je suis entousiasmée de l'air & des paroles.

CATHOS.

Ie n'ay encore rien vû de cette force-là.

MASCARILLE.

Tout ce que je fais me vient naturellement, c'est sans étude.

MAGDELON.

La Nature vous a traité en vraye mere passionnée, & vous en estes l'enfant gasté.

MASCARILLE.

A quoy donc passez-vous le temps?

CATHOS.

A rien du tout.

MAGDELON.

Nous avons esté jusqu'icy, dans un jeûne effroyable de divertissemens.

MASCARILLE.

Ie m'offre à vous mener l'un de ces jours

RIDICVLES.

à la Comedie, si vous voulez, aussi-bien on en doit joüer une nouvelle, que je seray bien aise, que nous voyions ensemble.   MAGDELON.

Cela n'est pas de refus.

MASCARILLE.

Mais je vous demande d'applaudir, comme il faut, quand nous serons-là: car je me suis engagé de faire valoir la Piece, & l'Autheur m'en est venu prier encore ce matin. C'est la coustume icy, qu'à nous autres gens de condition, les Autheurs viennent lire leurs Pieces nouvelles, pour nous engager à les trouver belles, & leur donner de la reputation ; & je vous laisse à penser, si quand nous disons quelque chose, le Parterre ose nous contredire. Pour moy j'y suis fort exact; & quand j'ay promis à quelque Poëte, je crie toûjours, voilà qui est beau, devant que les chandelles soient allumées.

MAGDELON.

Ne m'en parlez point, c'est un admirable lieu que Paris; il s'y passe cent choses tous les jours, qu'on ignore dans les Provinces, quelque spirituelle qu'on puisse estre.

CATHOS.

C'est assez, puis que nous sommes instruites, nous ferons nostre devoir de nous écrier comme il faut, sur tout ce qu'on dira.

MASCARILLE.

Ie ne sçay si je me trompe; mais vous avez toute la mine d'avoir fait quelque Comedie.

MAGDELON.

Eh! il pourroit estre quelque chose de ce que vous dites.

MASCARILLE.

Ah! ma foy, il faudra que nous la voyions. Entre nous, j'en ay composé une que je veux faire representer.

CATHOS.

Hé, à quels Comediens la donnerez vous?

MASCARILLE.

Belle demande! aux grands Comediens; il n'y a qu'eux qui soient capables de faire valoir les choses; les autres sont des ignorans, qui recitent comme l'on parle; ils ne sçavent pas faire ronfler les Vers, & s'arrester au bel endroit; & le moyen de connoistre où est le beau Vers, si le Comedien ne s'y arreste, & ne vous avertit par là, qu'il faut faire le brou haha.

CATHOS.

En effet, il y a maniere de faire sentir aux Auditeurs les beautez d'un Ouvrage, & les choses ne valent que ce qu'on les fait valoir.

MASCARILLE.

Que vous semble de ma petite oye? la trouvez-vous congruante à l'habit?

CATHOS.

Tout à fait.

MASCARILLE.

Le ruban est bien choisi.

MAGDELON.

Furieusement bien. C'est Perdrigeon tout pur.

MASCARILLE.

Que dites-vous de mes canons ?

MAGDELON.

Ils ont tout à fait bon air.

MASCARILLE.

Ie puis me vanter au moins, qu'ils ont un grand quartier plus que tous ceux qu'on fait.

MAGDELON.

Il faut auoüer que je n'ay jamais vû por-

LES PRECIEVSES

ter si haut l'elegance de l'ajustement.

MASCARILLE.

Attachez un peu sur ces gants, la reflexion de vostre odorat.

MAGDELON.

Ils sentent terriblement bon.

CATHOS.

Ie n'ay jamais respiré une odeur mieux conditionnée.

MASCARILLE.

Et celle-là ?

MAGDELON.

Elle est tout à fait de qualité ; le sublimé en est touché delicieusement.

MASCARILLE.

Vous ne me dites rien de mes plumes, comment les treuvez-vous ?

CATHOS.

Effroyablement belles.

MASCARILLE.

Sçavez-vous que le brin me couste un Loüis d'or ? Pour moy j'ay cette manie, de vouloir donner generallement sur tout ce qu'il y a de plus beau.

MAGDELON.

Ie vous asseure que nous simpathisons vous & moy, j'ay une délicatesse furieu-

RIDICVLES. 57

se pour tout ce que je porte; & jusqu'à mes chaussettes, je ne puis rien souffrir qui ne soit de la bonne ouvriere.

MASCARILLE, *s'écriant brus-*
quement.

Ahi, ahi, ahi, doucement ; Dieu me damne, mes-Dames, c'est fort mal en user ; j'ay à me plaindre de vostre procedé; cela n'est pas honneste.

CATHOS.

Qu'est-ce donc ? qu'avez-vous ?

MASCARILLE.

Quoy, toutes deux contre mon cœur, en mesme temps, m'attaquer à droit & à gauche ; ah! c'est contre le droict des gens, la partie n'est pas égale, & je m'en vais crier au meurtre.

CATHOS.

Il faut avoüer qu'il dit les choses d'une maniere particuliere.

MAGDELON.

Il a un tour admirable dans l'esprit.

CATHOS.

Vous avez plus de peur que de mal, & vostre cœur crie avant qu'on l'écorche.

LES PRECIEVSES
MASCARILLE.
Comment diable! il est écorché depuis la teste jusqu'aux pieds.

SCENE V.

MAROTTE, MASCARILLE, CATHOS, MAGDELON.

MAROTTE.

Madame on demande à vous voir.

MAGDELON.
Qui?

MAROTTE.
Le Vicomte de Iodelét.

MASCARILLE.
Le Vicomte de Iodelet?

MAROTTE.
Oüy, Monsieur.

CATHOS.
Le connoissez-vous?

RIDICVLES.
MASCARILLE.
C'est mon meilleur amy.
MAGDELON.
Faites entrer vistement.
MASCARILLE.
Il y a quelque temps que nous ne nous sommes veus, & je suis ravy de cette a-vanture.
CATHOS.
Le voicy.

SCENE XI.

IODELET, MASCARILLE, CATHOS, MAGDELON, MAROTTE.

MASCARILLE.
AH Vicomte!
IODELET, *s'embrassant l'un l'autre.*
Ah Marquis!

LES PRECIEVSES
MASCARILLE.
Que je suis aise de te rencontrer!
IODELET.
Que j'ay de joye de te voir icy!
MASCARILLE.
Baise-moy donc encore un peu, je te prie.
MAGDELON.
Ma toute Bonne, nous commençons d'être connuës, voila le beau monde qui prend le chemin de nous venir voir.
MASCARILLE.
Mes-Dames agréez que je vous presente ce Gentil-homme cy. Sur ma parole, il est digne d'estre connu de vous.
IODELET.
Il est juste de venir vous rendre ce qu'on vous doit, & vos attraits exigent leurs droicts Seigneuriaux sur toutes sortes de personnes.
MAGDELON.
C'est pousser vos civilitez jusqu'aux derniers confins de flaterie.
CATHOS.
Cette journée doit estre marquée dans nostre Almanach, comme une journée bien heureuse.

RIDICVLES, 61
MAGDELON.

Allons, petit garçon, faut-il toûjours vous repeter les choses? voyez-vous pas qu'il faut le surcroist d'un fauteüil?

MASCARILLE.

Ne vous estonnez pas de voir le Vicomte de la sorte, il ne fait que sortir d'une maladie qui luy a rendu le visage pasle, comme vous le voyez.

IODELET.

Ce sont fruits des veilles de la Cour, & des fatigues de la guerre.

MASCARILLE.

Sçavez-vous mes-Dames, que vous voyez dans le Vicomte un des vaillans hommes du siecle? c'est un brave à trois poils.

IODELET.

Vous ne m'en devez rien, Marquis, & nous sçavons ce que vous sçavez faire aussi.

MASCARILLE.

Il est vray que nous nous sommes veus tous deux dans l'occasion.

IODELET.

Et dans des lieux où il faisoit fort chaud.

LES PRECIEVSES

MASCARILLE, *les regardant toutes deux.*

Oüy, mais non pas si chaud qu'icy. Hay, hay, hay.

IODELET.

Noſtre connoiſſance s'eſt faite à l'armée, & la premiere fois que nous nous vîmes, il commandoit un Regiment de Cavalerie ſur les Galeres de Malthe.

MASCARILLE.

Il eſt vray ; mais vous eſtiez pourtant dans l'employ avant que j'y fuſſe, & je me ſouviens que je n'étois que petit Officier encore, que vous commandiez deux mille Chevaux.

IODELET.

La Guerre eſt une belle choſe ; mais ma foy, la Cour récompenſe bien mal aujourd'huy les gens de ſervice comme nous.

MASCARILLE.

C'eſt ce qui fait que je veux pendre l'épée au croc.

CATHOS.

Pour moy, j'ay un furieux tendre pour les hommes d'épée.

MAGDELON.
Ie les ayme auſſi : mais je veux que l'eſprit aſſaiſonne la bravoure.

MASCARILLE.
Te ſouvient-il, Vicomte, de cette demy-lune, que nous emportaſmes ſur les ennemis au Siege d'Arras ?

IODELET.
Que veux-tu dire avec ta demy-lune? c'eſtoit bien une lune toute entiere.

MASCARILLE.
Ie penſe que tu as raiſon.

IODELET.
Il m'en doit bien ſouvenir, ma foy : j'y fus bleſſé à la jambe d'un coup de grenade, dont je porte encore les marques. Taſtez un peu, de grace, vous ſentirez quel coup c'eſtoit là.

CATHOS.
Il eſt vray que la cicatrice eſt grande.

MASCARILLE.
Donnez-moy un peu voſtre main, & taſtez celuy-cy : là, juſtement au derriere de la teſte. Y eſtes-vous ?

MAGDELON.
Oüy, je ſens quelque choſe.

LES PRECIEVSES
MASCARILLE.
C'est un coup de Mousquet que je receus la derniere campagne que j'ay faite.
IODELET.
Voicy un coup qui me perça de part en part à l'attaque de Graveline.

MASCARILLE, *mettant la main sur le bouton de son haut de chausse.*
Ie vais vous monstrer une furieuse playe.

MAGDELON.
Il n'est pas necessaire, nous le croyons, sans y regarder.

MASCARILLE.
Ce sont des marques honorables, qui font voir ce qu'on est.

CATHOS.
Nous ne doutons point de ce que vous estes.

MASCARILLE.
Vicomte, as-tu là ton Carosse?

IODELET.
Pourquoy?

MASCARILLE.
Nous menerions promener ces Dames hors des Portes, & leur donnerions un cadeau.

RIDICVLES.
MAGDELON.
Nous ne sçaurions sortir aujourd'huy.
MASCARILLE.
Ayons-donc les violons pour dancer.
IODELET.
Ma foy c'est bien avisé.
MAGDELON.
Pour cela nous y consentons ; mais il faut donc quelque surcroist de compagnie.
MASCARILLE.
Hola Champagne, Picard, Bourguignon, Casquaret, Basque, la Verdure, Lorrain, Provençal, la Violette.

Au Diable soient tous les Laquais. Ie ne pense pas qu'il y ait Gentil-homme en France plus mal servy que moy. Ces canailles me laissent toûjours seul.
MAGDELON.
Almanzor, dites aux gens de Monsieur, qu'ils aillent querir des Violons, & nous faites venir ces Messieurs, & ces Dames d'icy prés, pour peupler la solitude de nostre bal.
MASCARILLE.
Vicomte, que dis-tu de ces yeux ?

IODELET.

Mais toy-mesme, Marquis, que t'en semble!

MASCARILLE.

Moy, je dis, que nos libertez auront peine à sortir d'icy les brayes nettes. Au moins, pour moy, je reçois d'étranges secousses, & mô cœur ne tient qu'à un filet.

MAGDELON.

Que tout ce qu'il dit est naturel ! il tourne les choses le plus agreablement du monde.

CATHOS.

Il est vray, qu'il fait une furieuse dépense en esprit.

MASCARILLE.

Pour vous monstrer que je suis veritable, je veux faire un impromptu là-dessus.

CATHOS.

Eh! je vous en conjure, de toute la devotion de mon cœur ; que nous oyons quelque chose qu'on ait fait pour nous.

IODELET.

J'aurois envie d'en faire autant : mais je me trouve un peu incommodé de la veine Poëtique, pour la quantité de saignées que j'y ay faites ces jours passez.

RIDICVLES. 67
MASCARILLE.
Que diable est-ce là ? je fais tousiours bien le premier Vers : mais j'ay peine à faire les autres. Ma foy, cecy est un peu trop pressé, je vous feray un impromptu à loisir, que vous trouverez le plus beau du monde.
IODELET.
Il a de l'esprit comme un Demon.
MAGDELON.
Et du galant, & du bien tourné.
MASCARILLE.
Vicomte, dy-moy un peu, y a-t'il long-temps que tu n'as veu la Comtesse ?
IODELET.
Il y a plus de trois semaines que je ne luy ay rendu visite.
MASCARILLE.
Sçais-tu bien que le Duc m'est venu voir ce matin, & m'a voulu mener à la campagne courir un Cerf avec luy ?
MAGDELON.
Voicy nos amies qui viennent.

SCENE XII.

IODELET, MASCARILLE, CATHOS, MAGDELON, MAROTTE, LVCILE.

MAGDELON.

MOn Dieu, mes cheres, nous vous demandons pardon. Ces Messieurs ont eu fantaisie de nous donner les ames des piez, & nous vous avons envoyé querir pour remplir les vuides de nostre Assemblée.

LVCILE.
Vous nous avez obligées sans doute.
MASCARILLE.
Ce n'est icy qu'un Bal à la haste ; mais l'un de ces jours nous vous en donnerons un dans les formes. Les Violons sont-ils venus ?

RIDICVLES. 69
ALMANZOR.
Oüy, Monsieur, ils sont icy.
CATHOS.
Allons donc, mes cheres, prenez place.
MASCARILLE, *dançant luy*
seul comme par Prelude.
La, la, la, la, la, la, la, la.
MAGDELON.
Il a tout à fait la taille élegante.
CATHOS.
Et a la mine de dancer proprement.
MASCARILLE, *ayant pris*
Magdelon.
Ma franchise va dancer la courante aussi-bien que mes piez. En cadance, Violons, en cadance. O quels ignorans! il n'y a pas moyen de dancer avec eux. Le Diable vous emporte, ne sçauriez-vous joüer en mesure ? La, la, la, la, la, la, la, la ; Ferme, ô Violons de village.
IODELET, *dançant ensuite.*
Hola, ne pressez pas si fort la cadance, je ne fais que sortir de maladie.

SCENE XIII.

DV CROISI, LA GRANGE, MASCARILLE.

LA GRANGE.

AH, ah, coquins, que faites-vous icy? il y a trois heures que nous vous cherchons.

MASCARILLE, *se sentant battre.*

Ahy, ahy, ahy, vous ne m'aviez pas dit que les coups en seroient aussi.

IODELET.

Ahy, ahy, ahy.

LA GRANGE.

C'est bien à vous, infame que vous estes, à vouloir faire l'homme d'importance.

DV CROISI.

Voilà qui vous apprendra à vous connoistre.

Ils sortent.

SCENE XIV.

MASCARILLE, IODELET, CATHOS, MAGDELON.

MAGDELON.
Que veut donc dire cecy ?
IODELET.
C'est une gageure.
CATHOS.
Quoy, vous laisser battre de la sorte !
MASCARILLE.
Mon Dieu, je n'ay pas voulu faire semblant de rien : car je suis violent, & je me serois emporté.
MAGDELON.
Endurer un affront comme celuy-là, en nostre presence !
MASCARILLE.
Ce n'est rien, ne laissons pas d'achever. Nous nous cónoissons il y a long-temps, & entre amis on ne va pas se piquer pour si peu de chose.

SCENE XV.

DV CROISI, LA GRANGE, MASCARILLE, IODELET, MAGDELON, CATHOS.

LA GRANGE.

MA foy, marauts, vous ne vous rirez pas de nous, je vous promets. Entrez, vous autres.

MAGDELON.

Quelle est donc cette audace, de venir nous troubler de la sorte, dans nostre maison.

DV CROISI.

Comment, mes-Dames, nous endurerons que nos laquais soient mieux receus que nous ? qu'ils viennent vous faire l'amour à nos dépens, & vous donnent le Bal ?

MAGDELON.

Vos laquais ?

RIDICVLES. 73
LA GRANGE.
Ouy, nos laquais, & cela n'est ny beau ny honneste, de nous les débaucher, comme vous faites.

MAGDELON.
O Ciel, quelle insolence!

LA GRANGE.
Mais ils n'auront pas l'avantage de se servir de nos habits, pour vous donner dans la veuë; & si vous les voulez aimer, ce sera, ma foy, pour leurs beaux yeux. Viste qu'on les dépoüille sur le champ.

IODELET,
Adieu nostre braverie.

MASCARILLE.
Voila le Marquisat & la Vicomté à bas.

DV CROISI.
Ha, ha, coquins, vous avez l'audace d'aller sur nos brisées. Vous irez chercher autre part de quoy vous rendre agreables aux yeux de vos belles, je vous en asseure.

LA GRANGE.
C'est trop que de nous supplanter, & de nous supplanter avec nos propres habits. MASCARILLE.
O fortune quelle est ton inconstance!

D

LES PRECIEVSES DV CROISI.

Viste, qu'on leur oste jusqu'à la moindre chose.

LA GRANGE.

Qu'on emporte toutes ces hardes, dépechez. Maintenant, mes-Dames, en l'état qu'ils sont, vous pouvez continuer vos amours avec eux, tant qu'il vous plaira, nous vous laisserons toute sorte de liberté pour cela, & nous vous protestons, Monsieur & moy, que nous n'en serons aucunement jaloux.

CATHOS.

Ah quelle confusion !

MAGDELON.

Ie creve de dépit.

VIOLONS, *au Marquis.*

Qu'est-ce donc que cecy ? qui nous payera nous autres ?

MASCARILLE.

Demandez à Monsieur le Vicomte.

VIOLONS, *au Vicomte.*

Qui est-ce, qui nous donnera de l'argent ?

IODELET.

Demandez à Monsieur le Marquis.

SCENE XVII.

GORGIBVS, MASCARILLE, MAGDELON.

GORGIBVS.

AH! coquines que vous estes, vous nous mettez dans de beaux draps blancs, à ce que je voy, & je viens d'apprendre de belles affaires, vrayement, de ces Messieurs qui sortent,

MAGDELON.

Ah! mon pere, c'est une piece sanglante qu'ils nous ont faite.

GORGIBVS.

Oüy, c'est une piece sanglante ; mais qui est un effet de vostre impertinence, infames. Ils se sont ressentis du traitement que vous leur avez fait ; & cependant, mal-heureux que je suis, il faut que je boive l'affront.

MAGDELON.

Ah! je jure, que nous en serons vangées, ou que je mourray en la peine. Et vous marauts, ofez-vous vous tenir icy aprés voſtre inſolence?

MASCARILLE.

Traiter comme cela un Marquis? Voilà ce que c'eſt que du monde, la moindre diſgrace nous fait mépriſer de ceux qui nous cheriſſoient. Allons, camarade, allons chercher fortune autre part; je vois bien qu'on n'aime icy que la vaine apparence, & qu'on n'y conſidere point la vertu toute nuë.

Ils ſortent tous deux.

SCENE XVII.

GORGIBVS, MAGDELON, CATHOS, VIOLONS.

VIOLONS.

Monsieur, nous entendons que vous nous contentiez à leur défaut, pour ce que nous avons joüé icy.

GORGIBVS, *les battant.*

Ouy, ouy, je vous vais contenter, & voicy la monnoye dont je vous veux payer. Et vous, pendardes, je ne sçay qui me tient que je ne vous en fasse autant; nous allons servir de fable & de risée à tout le monde, & voilà ce que vous vous estes attiré par vos extravagances. Allez vous cacher, vilaines, allez vous cacher pour jamais. Et vous, qui estes cause de leur folie, sottes billeveséés, pernicieux amusemens des esprits oisifs, Romans, Vers, Chansons, Sonnets & Sonnettes, puissiez-vous estre à tous les Diables.

SGANARELLE,
OV
LE COCV IMAGINAIRE,
COMEDIE.

A MONSIEVR MOLIERE,
CHEF DE LA TROVPE
DES COMEDIENS
DE MONSIEVR
FRERE VNIQVE DV ROY.

MONSIEVR,
Ayant esté voir vostre charmante Comedie du Cocu Imaginaire, la premiere fois qu'elle fit paroistre ses beautez au Public, elle me parut si admirable, que je crûs que ce n'étoit pas rendre justice à un si merveilleux

EPISTRE.

Ouvrage, que de ne le voir qu'une fois, ce qui m'y fit retourner cinq ou six autres; & comme on retient assez facilement les choses qui frappent vivement l'imagination, j'eus le bonheur de la retenir entiere, sans aucun dessein premedité, & je m'en apperceus d'une maniere assez extraordinaire. Vn jour m'étant trouué dans une assez celebre Compagnie, où l'on s'entretenoit, & de vostre Esprit, & du Genie particulier que vous avez pour les Pieces de Theatre, je coulay mon sentiment parmy celuy des autres; & pour encherir par dessus ce qu'on disoit à vostre avantage, je voulus faire le recit de vostre Cocu Imaginaire; mais je fus bien surpris, quand je vis qu'à cent Vers prés je sçavois la Piece par cœur, & qu'au lieu du sujet, je les avois tous recitez; cela m'y fit retourner encore une fois, pour achever de retenir ce que je n'en sçavois pas

EPISTRE.

Aussi-tost un Gentil-homme de mes Amis, extraordinairement curieux de ces sortes d'Ouvrages, m'écrivit & me pria de me mander ce que c'estoit que le Cocu Imaginaire, parce que, disoit-il, il n'avoit point veu de Piece dont le titre promit rien de si spirituel, si elle estoit traitée par un habile Homme. Ie luy envoyay aussi-tost la Piece que j'avois retenuë, pour luy montrer qu'il ne s'étoit pas trompé : & comme il ne l'avoit point veuë representer, je crûs à propos de luy envoyer les Argumens de chaque Scene, pour luy montrer que quoy que cette Piece soit admirable, l'Autheur en la representant luy-mesme, y sçavoit encore faire découvrir de nouvelles beautez. Ie n'oubliay pas de luy mander expressément, & mesme de le conjurer de n'en laisser rien sortir de ses mains ; cependant sans sçavoir comment cela s'est fait, j'en ay veu courir huit ou dix Coppies

EPISTRE.

en cette Ville, & j'ay sceu que quantité de gens estoient prests de la faire mettre sous la Presse ; ce qui m'a mis dans une colere d'autant plus grande, que la pluspart de ceux qui ont décrit cét Ouvrage, l'ont tellement défiguré, soit en y ajoûtant, soit en y diminuant, que je ne l'ay pas trouvé reconnoissable ; & comme il y alloit de vostre gloire & de la mienne, que l'on ne l'imprimast pas de la sorte, à cause des Vers que vous avez faits, & de la Prose que j'y ay ajoustée, j'ay creu qu'il falloit aller au devant de ces Messieurs, qui impriment les gens malgré qu'ils en ayent, & donner une Coppie qui fut correcte (je puis parler ainsi, puisque je croy que vous trouverez vôtre Piece dans les formes) j'ay pourtant combattu long-temps avant que de la donner ; Mais enfin, j'ay veu que c'estoit une necessité que nous fussions imprimez, & je m'y suis résolu d'au-

EPISTRE.

...ant plus volontiers, que j'ay veu que cela ne vous pouvoit apporter aucun dommage, non plus qu'à voſtre Trouppe, puiſque voſtre Piece a eſté jouée prés de cinquante fois. Ie ſuis,

MONSIEVR,

Voſtre tres-humble
Serviteur **

A VN AMY.

Monsievr,

Vous ne vous estes pas trompé dans vostre pensée, lors que vous avez dit (avant que l'on le joüast) que si le Cocu Imaginaire estoit traité par un habile Homme, ce devoit estre une parfaitement belle Piece. C'est pourquoy je croy qu'il ne me sera pas difficile de vous faire tomber d'accord de la beauté de cette Comedie, mesme avant que de l'avoir veuë, quand je vous auray dit qu'elle part de la plume de l'Ingenieux Autheur des Precieuses Ridicules. Iugez aprés cela, si ce ne doit pas estre un Ouvrage tout à fait galand, & tout à fait spirituel, puisque ce sont deux choses que son Autheur possede avantageusement. Elles y brillent aussi avec tant d'éclat, que cette Piece surpasse de beaucoup toutes celles qu'il a faites, quoy que le sujet de sa

Precieuses Ridicules soit tout à fait spirituel, & celuy de son Depit Amoureux, tout à fait galand. Mais vous en allez vous-mesme estre juge, dés que vous l'aurez leuë; & je suis asseuré que vous y trouverez quantité de Vers qui ne se peuvent payer, que plus vous relirez, plus vous connoistrez avoir esté profondément pensez. En effet, le sens en est si mysterieux, qu'ils ne peuvent partir que d'un Homme consommé dans les Compagnies; & j'ose mesme avancer que Sganarelle n'a aucun mouvement jaloux, ny ne pousse aucuns sentimens, que l'Autheur n'ait peut-estre ouys luy-mesme de quantité de gens au plus fort de leur jalousie, tant ils sont exprimez naturellement; si-bien que l'on peut dire que quand il veut mettre quelque chose au jour, il le lit premierement dans le monde (s'il est permis de parler ainsi) ce qui ne se peut faire sans avoir un discernement aussi-bon que luy, & aussi propre à choisir ce qui plaist. On ne doit donc pas s'éconner aprés cela, si ses Pieces ont une si extraordinaire reussite, puis que l'on n'y voit rien de forcé, que tout y est naturel, que tout y tombe fans le sens ; & qu'enfin les plus spirituels confessent, que les passions produiroient en eux les mesmes effets qu'ils produisent en ceux qu'il introduit sur la Scene.

Ie n'aurois jamais fait, si je pretendois vous dire tout ce qui rend recommandable l'Autheur des Precieuses Ridicules, & du Cocu Imaginaire. C'est ce qui fait que je ne vous en entretiendray pas davantage, pour vous dire que quelques beautez que cette Piece vous fasse voir sur le papier, elle n'a pas encore tous les agrémens que le Theatre donne d'ordinaire à ces sortes d'Ouvrages. Ie tâcheray toutefois de vous en faire voir quelque chose aux endroits où il sera necessaire pour l'intelligence des Vers & du Sujet, quoy qu'il soit assez difficile de bien exprimer sur le papier ce que les Poëtes appellent Ieux de Theatre, qui sont de certains endroits où il faut que le corps & le visage joüent beaucoup, & qui dépendent plus du Comedien que du Poëte, consistant presque toûjours dans l'action ; C'est pourquoy je vous conseille de venir à Paris, pour voir representer le Cocu Imaginaire par son Autheur, & vous verrez qu'il y fait des choses qui ne vous donneront pas moins d'admiration, que vous en aura donné la lecture de cette Piece; Mais je ne m'apperçois pas que je vous viens de promettre de ne vous plus entretenir de l'esprit de cét Autheur, puisque vous en découvrirez plus dans les Vers que vous allez lire, que dans tous les discours que je vous en pourrois faire. Je sçay bien que je vous ennuye, & je m'imagine vous voir passer les yeux avec chagrin par-dessus cette longue Epistre; mais prenez-vous en à l'Autheur....... Foin, je voudrois bien éviter ce mot d'Autheur; car je croy qu'il se rencontre presque dans chaque ligne, & j'ay déja esté tenté plus de six fois, de mettre Monsieur Moliere en sa place. Prenez-vous en donc à Monsieur Moliere, puisque le voila. Non, laissez-le là toutesfois, & ne vous en prenez qu'à son Esprit, qui m'a fait faire une Lettre plus longue que je n'aurois voulu, sans toutesfois avoir parlé d'autres personnes que de luy, & sans avoir dit le quart de ce que j'avois à dire à son avantage. Mais je finis de peur que cette Epistre n'attire quelque maudisson sur elle ; & je gage que dans l'impatience où vous estes, vous serez bien aise d'en voir la fin, & le cōmencement de cette Piece.

ACTEVRS.

GORGIBVS, Bourgeois de Paris.
CELIE, sa Fille.
LELIE, Amant de Celie.
GROS RENE', Valet de Lelie.
SGANARELLE, Bourgeois de Paris, & Cocu Imaginaire,
SA FEMME.
VILLEBREQVIN, Pere de Valere.
LA SVIVANTE de Celie.
VN PARENT de Sganarelle.

La Scene est à Paris.

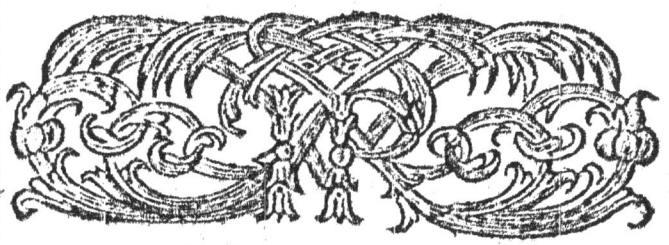

SGANARELLE,
OV
LE COCV IMAGINAIRE,
COMEDIE.

SCENE I.
GORGIBVS, CELIE,
SA SVIVANTE.

Ette premiere Scene, où Gorgibus entre auec sa Fille, fait voir à l'Auditeur que l'avarice est la passion la plus ordinaire aux Vieillards, de mesme que l'amour

est celle qui regne le plus souvent dans u[n]
jeune cœur, & principalement dans ce[-]
luy d'une Fille: car l'on y voit Gorgibus
malgré le choix qu'il avoit fait de Leli[e]
pour son Gendre, presser sa Fille d'agrée[r]
un autre Espoux nommé Valere, incom[-]
parablement plus mal fait que Lelie, san[s]
donner d'autre raison de ce changemen[t]
sinon que le dernier est plus riche. L'o[n]
voit d'un autre costé que l'amour ne so[rt]
pas facilement du cœur d'une Fille, quan[d]
une fois il en a sceu prendre; c'est ce q[ui]
fait un agreable combat dans cette Scen[e]
entre le Pere & la Fille, le Pere luy vou[-]
lant persuader qu'il faut estre obeïssante
& luy proposant pour la devenir, au lie[u]
de la lecture de Clelie, celle de quelque[s]
vieux Livres qui marquent l'antiquité d[u]
bon homme, & qui n'ont rien qui ne pa[-]
rust barbare, si l'on en comparoit le style
celuy des Ouvrages de l'illustre Sapho[.]
Mais que tout ce que son Pere luy dit
touche peu; elle abandonneroit volon[-]
tiers la lecture de toutes sortes de Livr[es]
pour s'occuper à repasser sans cesse en so[n]
esprit, les belles qualitez de son Aman[t]
& les plaisirs dont joüissent deux perso[nnes]

IMAGINAIRE. 95

es qui se marient quand ils s'aiment mutuellement; mais las! que ce cruel Pere
uy donne sujet d'avoir bien de plus tristes
ensées, il la presse si fort, que cette Fille
affligée n'a plus de recours qu'aux larmes,
qui sont les armes ordinaires de son sexe,
qui ne sont pas toutesfois assez puissantes
pour vaincre l'avarice de cét insensible
Pere, qui la laissa toute éplorée. Voicy
es Vers de cette Scene qui vous feront
voir ce que je vous viens de dire, mieux
que je n'ay fait dans cette Prose.

CELIE *sortant toute éplorée, & son Peré*
la suivant.

AH! n'esperez jamais que mõ cœur y cõsente.
GORGIBVS.
Que marmottez-vous là, petite impertinente?
Vous pretendez choquer ce que j'ay resolu,
Je n'auray pas sur vous un pouvoir absolu,
Et par sottes raisons vostre jeune cervelle
Voudroit regler icy la raison paternelle?
Qui de nous deux à l'autre a droict de faire loy?
A vostre avis, qui mieux, ou de vous, ou de moy,
O sotte, peut iuger ce qui vous est utile?
Par la morbleu gardez d'échauffer trop ma bile,
Vous pourriez éprouver sans beaucoup de lon-
   gueur   (gueur,
Si mon bras sçait encor montrer quelque vi-

LE COCV

Vostre plus court sera, Madame la mutine,
D'accepter sás façõs l'Epoux qu'on vous destine
J'ignore, dites-vous, *de quelle humeur il est,*
Et dois auparavant consulter s'il vous plaist.
Informé du grand bien qui luy tõbe en partage,
Dois-je prendre le soin d'en sçavoir davantage?
Et cét Epoux ayant vingt mille bons Ducats,
Pour estre aimé de vous, doit-il manquer d'apas?
Allez, tel qu'il puisse estre, avecque cette somme
Ie vous suis caution qu'il est tres-hõneste Hõme.

CELIE.

Helas!

GORGIBVS.

Hé bien helas! que veut dire cecy?
Voyez le bel helas qu'elle nous donne icy!
Hé! que si la colere une fois me transporte,
Ie vous feray chanter, helas, de belle sorte.
Voila, voila le fruict de ces empressemens
Qu'on vous voit nuit & jour à lire vos Romans
De quolibets d'amour vostre teste est remplie,
Et vous parlez de Dieu, bien moins que de Clelie.
Iettez-moy dans le feu tous ces méchans écrits
Qui gâtent tous les jours tant de jeunes Esprits,
Lisez-moy cõme il faut, au lieu de ces sotnettes,
Les Quatrains de Pibrac, & les doctes Tablettes
Du Conseiller Matthieu, ouvrage de valeur,
Et plein de beaux dictons à reciter par cœur.
La Guide des Pecheurs est encore un bon Livre
C'est-là qu'en peu de téps on apprend à bié vivre
Et si vous n'aviez leu que ces Moralitez,
Vous sçauriez un peu mieux suivre mes volõtez.

CELIE.

Quoy, vous pretendez-donc, mon Pere, que j'ou-
La constante amitié que je dois à Lelie?

IMAGINAIRE. 97

Aurois tort, si sans vous je disposois de moy;
Mais vous-mesme à ses vœux engageastes ma foy.
GORGIBVS.
Luy fut-elle engagée encore davantage,
Vn autre est survenu dont le bien l'en dégage.
Celie est fort bien fait; mais apprends qu'il n'est riē
Qui ne doive ceder au soin d'avoir du bien.
Que l'or donne aux plus lais certain charme pour
    plaire,
Et que sans luy le reste est une triste affaire.
Valere, je croy bien, n'est pas de toy chery;
Mais s'il ne l'est Amant, il le sera Mary.
Plus que l'on ne le croit, ce nom d'Epoux engage,
Et l'amour est souvent un fruit du mariage.
Mais suis-je pas bien fat de vouloir raisonner,
Où de droit absolu j'ay pouvoir d'ordonner?
Tréve donc, je vous prie, à vos impertinences,
Que je n'entende plus vos sottes doleances :
Ce Gendre doit venir vous visiter ce soir,
Manquez un peu, manquez à le bien recevoir;
Si je ne vous luy vois faire fort bon visage,
Je vous..... je ne veux pas en dire davantage.

SCENE II.
CELIE, SA SUIVANTE.

QUI comparera cette seconde Scene à la premiere, confessera d'abord que l'Autheur de cette Piece a un genie tout particulier pour les Ouvrages de Theatre, & qu'il est du tout impossible que ses Pieces ne reüssissent pas, tant il sçait bien de quelle maniere il faut attacher l'esprit de l'Auditeur. En effet, nous voyons qu'aprés avoir fait voir dans la Scene precedente, un Pere pedagogue, qui tasche de persuader à sa Fille, que la richesse est preferable à l'amour, il fait parler dans celle-cy (afin de divertir l'Auditeur par la varieté de la matiere) une Vefve suivante de Celie, & confidente tout ensemble, qui s'étonne de quoy sa Maistresse répond par des larmes à des offres d'Hymen ; & aprés avoir dit qu'elle ne feroit pas de mesme si l'on la vouloit marier, elle troure moyen de décrire toutes les douceurs du Mariage ; ce qu'elle execute si bien, qu'elle en fait naître l'envie à celles qui n'en ont pas tasté. Sa Maistresse, comme font d'ordinaire celles qui n'ont jamais esté mariées, l'écoute avec attention, & ne recule le temps de joüir de ces douceurs, que parce qu'elle les veut gouster avec Lelie, qu'elle aime parfaitement, & qu'elles se changent toutes en amertumes, lors que l'on les gouste avec une personne que l'on n'aime pas ; c'est pourquoy elle montre à sa Suivante le Portrait de Lelie, pour la faire tomber d'accord de la bonne mine de ce galand, & du sujet qu'elle a de l'aimer. Vous m'objecterez peut-estre que cette fille le doit connoistre, puis qu'elle demeure avec Celie, & que son Pere l'ayant promise à Lelie, cét Amant estoit souvent venu voir sa Maistresse ; mais je vous répondray que Lelie estoit à la Campagne devant qu'elle demeurast avec elle. Aprés cette digression, pour la justification de nostre Autheur, voyons quels effets ce Portrait produit. Celle qui peu auparavant disoit qu'il ne falloit jamais rejetter des offres d'Hymen, avoüe que Celie a sujet d'aimer tendrement un Homme si bien fait; & Celie songeant

E ij

qu'elle sera peut-estre contrainte d'en épouser un autre, s'évanoüit : Sa Confidente appelle du secours. Cependant qu'il en viendra, vous pouvez lire ces Vers qui vous le
feront attendre sans impatience.

LA SVIVANTE.

Qvoy refuser, Madame, avec cette rigueur
Ce que tant d'autres gens voudroient de tout
    leur cœur ?
A des offres d'Hymen répondre par des larmes,
Et tarder tant à dire un oüy si plein de charmes ?
Helas ! que ne veut-on aussi me marier ?
Ce ne seroit pas moy qui se feroit prier ;
Et loin qu'un pareil oüy me donnât de la peine,
Croyez que j'en dirois bien-viste une douzaine.
Le Precepteur qui fait repeter la leçon
A vostre jeune Frere, a fort bonne raison,
Lots que nous discourant des choses de la terre,
Il dit que la femelle est ainsi que le Lierre,
Qui croist beau tant qu'à l'arbre il se tient bié serré,
Et ne profite point, s'il en est separé.
Il n'est rien de plus vray, ma tres-chere Maistresse,
Et je l'éprouve en moy chetive pecheresse.
Le bon Dieu fasse paix à mon pauvre Martin ;
Mais j'avois, luy vivant, le teint d'un Cherubin,
L'embonpoint merveilleux, l'œil gay, l'ame contéte,
Et je suis maintenant ma Commere dolente.
Pendant cét heureux temps, passé comme un éclair,
Ie me couchois sans feu dans le fort de l'Hyver,
Secher mesme les draps me sembloit ridicule,
Et je tremble à present dedans la Canicule.

IMAGINAIRE.

Enfin, il n'est rien tel, Madame, croyez-moy,
Vn Mary sert beaucoup la nuict auprés de soy,
Ne fuste que pour l'heur d'avoir qui vous salüé
D'un Dieu vous soit en aide alors qu'on éternuë.
CELIE.
Peux-tu me conseiller de commettre un forfait,
D'abandonner Lelie, & prendre ce mal-fait?
LA SVIVANTE.
Vostre Lelie aussi n'est ma foy qu'une beste,
Puis que si hors de temps son voyage l'arreste;
Et la grande longueur de son éloignement
Me le fait soupçonner de quelque changement.
CELIE *luy montrant le Portrait de Lelie.*
Ah! ne m'accable point par ce triste presage,
Vois attentivement les traits de ce visage,
Ils jurent à mon cœur d'éternelles ardeurs;
Je veux croire aprés tout qu'ils ne sont pas menteurs;
Et comme c'est celuy que l'art y represente,
Il conserve à mes feux une amitié constante.
LA SVIVANTE.
Il est vray que ces traits marquent un digne Amant,
Et que vous avez lieu de l'aimer tendrement.
CELIE.
Et cependant il faut.... ah! soustiens-moy.
Laissant tomber le portrait de Lelie.
LA SVIVANTE.
Madame,
D'où vous pourroit venir.. ah! bós Dieux elle pâme.
Hé! viste, hola quelqu'un.

SCENE III.

CELIE, LA SVIVANTE, SGANARELLE.

CETTE Scene est fort courte; & Sganarelle, comme un des plus proches voisins de Celie, accourt aux cris de cette Suivante qui luy donne sa Maistresse à soustenir; cependant qu'elle va chercher encore du secours d'un autre costé, comme vous pouvez voir par ce qui suit.

SGANARELLE.

Qv'est-ce donc ? me voila.

LA SVIVANTE.

Ma Maistresse se meurt.

SGANARELLE,

Quoy, n'est-ce que cela ?
Ie croyois tout perdu, de crier de la sorte;
Mais approchons pourtant. Madame, êtes-vous
Hays, elle ne dit mot. [morte

LA SVIVANTE.

Ie vais faire venir.
Quelqu'un pour l'emporter, veüillez la soûtenir.

IMAGINAIRE. 103

SCENE IV.
CELIE, SGANARELLE, SA FEMME.

CETTE Scene n'est pas plus longue que la precedente, & la Femme de Sganarelle, regardant par la fenestre, prend de la jalousie de son Mary, à qui elle voit tenir une Femme entre ses bras, & descend pour le surprendre, cependant qu'il aide à remporter Celie chez elle. Ce que vous pourrez voir en lisant ces Vers.

SGANARELLE, *en luy passant la main sur le sein.*

Elle est froide par tout, & je ne sçay qu'en dire,
Approchôs-nous pour voir si sa bouche respire.
Ma foy je ne sçay pas ; mais j'y trouve encor moy
Quelque signe de vie.
LA FEMME DE SGANARELLE *regardant par la fenestre.*
Ah ! qu'est-ce que je voy ?
Mõ Mary dãs ses bras... Mais je m'en vais descédre.
Il me trahit sans doute, & je veux le surprendre.

E iiij

LE COCV

SGANARELLE.

Il faut se dépêcher de l'aller secourir,
Certes elle auroit tort de se laisser mourir;
Aller en l'autre monde est tres-grande sottise,
Tant que dans celuy-cy l'on peut estre de mise.

Il l'emporte avec un Homme que la Suivante ameine.

SCENE V.

LA FEMME DE SGANARELLE
seule.

L'Autheur qui, comme nous avons dit cy-dessus, sçait tout à fait bien ménager l'esprit de son Auditeur, aprés l'avoir diverty dans les deux precedentes Scenes, dont la beauté consiste presque toute dans l'action, l'attache dans celle-cy par un raisonnement si juste, que l'on ne pourra qu'à peine se l'imaginer, si l'on en considere la matiere ; mais il n'appartient qu'à des plumes, comme la sienne, à faire beaucoup de peu, & voicy pour satisfaire vostre curiosité, le sujet de cette Scene. La Femme de Sgana-

IMAGINAIRE.

relle estant décenduë, & n'ayant point trouvé son Mary, fait éclater sa jalousie, mais d'une maniere si surprenante & si extraordinaire, que quoy que cette matiere ait esté fort souvent rebatuë, jamais personne ne l'a traitée avec tant de succés, d'une maniere si contraire à celle de toutes les autres Femmes, qui n'ont recours qu'aux emportemens en de semblables rencontres ; & comme il m'a esté presque impossible de vous l'exprimer aussi-bien que luy; ces Vers vous en feront connoistre la beauté.

LA FEMME DE SGANARELLE seule.

IL s'est subitement éloigné de ces lieux,
Et sa fuite a trompé mon desir curieux :
Mais de sa trahison ie ne fais plus de doute,
Et le peu que i'ay vû me la découvre toute.
Ie ne m'étonne plus de l'étrange froideur
Dont ie le vois répondre à ma pudique ardeur,
Il reserve, l'ingrat, ses caresses à d'autres,
Et nourrit leurs plaisirs par le ieûne des nostres.
Voila de nos Marys le procedé commun,
Ce qui leur est permis, leur devient importun.
Dans les commencemens ce sont toutes merveilles,
Ils témoignêt pour nous des ardeurs nompareilles;
Mais les traitres bien-tost se lassent de nos feux,
Et portent autre-part ce qu'ils doivent chez eux.
Ah! que i'ay de dépit, que la Loy n'authorise
A changer de mary comme on fait de chemise;

E v

LE COCV

Cela seroit commode, & j'en sçay tel icy
Qui comme moy ma foy le voudroit bien aussi.
En ramassant le Portrait que Celie avoit laissé tomber.
Mais quel est ce bijou que le sort me presente ?
L'émail en est fort beau, la graveure charmante,
Ouvrons.

SCENE VI.

SGANARELLE, & SA FEMME.

Quelques beautez que l'Autheur ait fait voir dans la Scene precedente, ne croyez pas qu'il soit de ceux, qui souvent aprés un beau debut, donnent (pour parler vulgairement) du nez en terre ; puisque plus vous avancerez dans la lecture de cette Piece, plus vous y découvrirez de beautez ; & pour en estre persuadé, il ne faut que jetter les yeux sur cette Scene, qui en fait le fondement. Celie en s'évanoüissant, ayant laissé tomber le Portrait de son Amant, la Femme de Sganarelle le ramasse ; & comme elle le considere attentivement, son Mary ayant aidé à reporter Celie chez elle, rentre sur la Scene &

regarde par dessus l'épaule de sa Femme, ce qu'elle considere; & voyant ce Portrait, commence d'entrer en quelque sorte de jalousie, lors que sa Femme s'avise de le sentir, ce qui confirme ses soupçons, dans la pensée qu'il a qu'elle le baise; mais il ne doute bien-tost plus, qu'il est de la grande Confrairie, quand il entend dire à sa Femme qu'elle souhaitteroit d'avoir un Espoux d'une aussi bonne mine: C'est alors qu'en la surprenant, il luy arrache le Portrait; mais devant que de parler des discours qu'ils tiennent ensemble sur le sujet de leur jalousie, il est à propos de vous dire, qu'il ne s'est jamais rien veu de si agreable, que les postures de Sganarelle, quand il est derriere sa Femme; son visage & ses gestes expriment si bien sa jalousie, qu'il ne seroit pas necessaire qu'il parlast pour paroistre le plus jaloux de tous les hommes: Il reproche à sa Femme son infidelité, & tasche de luy persuader qu'elle est d'autant plus coupable, qu'elle a un Mary qui, (soit pour les qualitez du corps, soit pour celles de l'esprit) est entierement parfait. Sa Femme qui d'un autre costé croit avoir autant & plus de sujet que luy d'avoir martel en teste, s'emporte con-

E vj

tre luy en luy redemandant son bijou; tellement que chacun croyant avoir raison, cette dispute donne un agreable divertissement à l'Auditeur, à quoy Sganarelle contribuë beaucoup par des gestes qui sont inimitables & qui ne se peuvent exprimer sur le papier. Sa Femme estant lasse d'oüir ses reproches, luy arrache le Portrait qu'il luy avoit pris, & s'enfuit, & Sganarelle court aprés elle. Vous auriez sujet de me quereller, si je ne vous envoyois pas les Vers d'une Scene qui fait le fondement de cette Piece ; c'est pourquoy je satisfais à vostre curiosité.

SGANARELLE.
ON la croyoit morte, & ce n'estoit rien.
Il n'en faut plus qu'autant elle se porte bien.
Mais j'apperçois ma Femme.

SA FEMME.
O Ciel ! c'est mignature,
Et voila d'un bel Homme une vive peinture.

SGANARELLE, à part, & regardant sur l'épaule de sa Femme.

Que considere-t'elle avec attention ?
Ce Portrait, mon honneur, ne nous dit rien de bon,
D'un fort vilain soupçon je me sens l'ame emeuë.

SA FEMME sans l'appercevoir continuë.

Jamais rien de plus beau ne s'offrit à ma veuë ;
Le travail plus que l'or s'en doit encor priser.

IMAGINAIRE.

Hoa que cela sent bon.
SGANARELLE à part.
Quoy, peste, le baiser?
Ah! j'en tiens.
SA FEMME poursuit.
Avoüons qu'on doit estre ravie,
Quand d'un Homme ainsi fait on se peut voir servie,
Et que s'il en contoit avec attention,
Le penchant seroit grand à la tentation.
Ah! que n'ay-je un Mary d'une aussi bonne mine,
Au lieu de mon pelé, de mon rustre....
SGANARELLE, luy arrachant le Portrait.
Ah! mâtine,
Nous vous y surprenons en faute contre nous,
En diffamant l'honneur de vostre cher Espoux:
Donc à vostre calcul, ô ma trop digne Femme!
Monsieur, tout bien côté, ne vaut pas bien Madame?
Et de par Belzebut qui vous puisse emporter,
Quel plus rare party pourriez-vous souhaitter?
Peut-on trouver en moy quelque chose à redire?
Cette taille, ce port, que tout le monde admire,
Ce visage si propre à donner de l'amour,
Pour qui mille beautez soupirent nuit & jour;
B. et en tout & par tout ma personne charmante,
N'est donc pas un morceau dôt vous soyez côtente,
Et pour rassasier vostre appetit gourmand,
Il faut à son Mary le ragoust d'un Galand.
SA FEMME.
J'entends à demy mot, où va la raillerie,
Tu crois par ce moyen....
SGANARELLE.
A d'autres je vous prie,
La chose est averée, & je tiens dans mes mains
Vn bon certificat du mal dont je me plains.

LE COCV
SA FEMME.
Mon courroux n'a déja que trop de violence,
Sans le charger encore d'une nouvelle offense;
Escoute, ne crois pas retenir mon bijou,
Et songe un peu ..

SGANARELLE.
Ie songe à te rompre le cou.
Que ne puis-je, aussi-bien que je tiens la Coppie,
Tenir l'Original.

SA FEMME.
Pourquoy ?

SGANARELLE.
Pour rien mamie,
Doux objet de mes vœux, j'ay grand tort de crier,
Et mon front de vos dons vous doit remercier.
Regardant le Portrait de Lelie.
Le voila le beau fils, le mignon de couchette,
Le mal-heureux tison de ta flâme secrette,
Le drôle avec lequel. ...

SA FEMME.
Avec lequel, poursuis.

SGANARELLE.
Avec lequel te dis-je... & j'en creve d'ennuis.

SA FEMME.
Que me veut donc conter par là ce maistre Yvrogne?

SGANARELLE.
Tu ne m'entends que trop, Madame la Carogne;
Sganarelle, est un nom qu'on ne me dira plus,
Et l'on va m'appeller, Seigneur Cornelius :
I'en suis pour mô honneur, mais à toy qui me l'ostes,
Ie t'en feray du moins pour un bras ou deux costes.

SA FEMME.
Et tu m'oses tenir de semblables discours ?

SGANARELLE.
Et tu m'oses joüer de ces diables de tours ?

IMAGINAIRE.

SA FEMME.
Et quels diables de tours, parle donc sás rien feindre?
SGANARELLE.
Ah ! cela ne vaut pas la peine de se plaindre ;
D'un pennache de Cerf, sur le front me pourvoir,
Helas ! voila vrayment un beau venez-y voir.
SA FEMME.
Donc aprés m'avoir fait la plus sensible offense
Qui puisse d'une Femme exciter la vengeance,
Tu prens d'un feint couroux le vain amusement,
Pour prévenir l'effet de mon ressentiment ?
D'un pareil procedé l'insolence est nouvelle,
Celuy qui fait l'offense est celuy qui querelle.
SGANARELLE.
Eh la bonne effrontée ! à voir ce fier maintien,
Ne la croiroit-on pas une Femme de bien ?
SA FEMME.
Va, poursuis ton chemin, cajole tes Maistresses,
Adresse leur tes vœux, & fais leur des caresses ;
Mais rens-moy mon Portrait, sans te joüer de moy.
Elle luy arrache le Portrait, & s'enfuit.
SGANARELLE, *courant aprés elle.*
Oüy, tu crois m'échaper, je l'auray malgré toy.

SCENE VII.

LELIE, GROS RENE'.

LElie avoit déja trop causé de trouble dans l'esprit de tous nos Acteurs, pour ne pas venir faire paroistre les siens sur la Scene : En effet, il n'y arrive pas plustost, que l'on voit la tristesse peinte sur son visage : Il fait voir que de la Campagne où il estoit, il s'est rendu au plustost à Paris, sur le bruit de l'Hymen de Celie. Comme il est tout nouvellement arrivé, son Valet le presse d'aller manger un morceau devant que d'aller apprendre des nouvelles de sa Maistresse; mais il n'y veut pas consentir, & voyant que son Valet l'importune, il l'envoye manger, cependant qu'il va chercher à se délasser des fatigues de son voyage auprés de sa Maistresse. Remarquez, s'il vous plaist, ce que cette Scene contient, & je vous feray voir en un autre endroit, que l'Autheur a infiniment de l'esprit de l'avoir placée si à propos; & pour vous en mieux faire ressouvenir, en voicy les Vers.

GROS RENE'.

ENfin nous y voicy : mais, Monsieur, si je l'ose,
Je voudrois vous prier de me dire une chose.
LELIE.
Hé bien, parle.
GROS RENE'.
Avez-vous le Diable dans le corps
Pour ne pas succomber à de pareils efforts ?
Depuis huit jours entiers avec vos longues traites
Nous sommes à piquer de chiennes de Mazettes
De qui le train maudit nous a tant secoüez,
Que je m'en sens pour moy tous les mêbres roüez,
Sans préjudice encor d'un accident bien pire,
Qui m'afflige un endroit que je ne veux pas dire ;
Cependant arrivé, vous sortez bien & beau,
Sans prendre de repos, ny manger un morceau.
LELIE.
Ce grand empressement n'est point digne de blâme ;
De l'Hymen de Celie on allarme mon ame ;
Tu sçais que je l'adore, & je veux estre instruit
Avant tout autre soin de ce funeste bruit.
GROS RENE'.
Oüy, mais un bon repas vous seroit necessaire,
Pour s'aller éclaircir, Monsieur, de cette affaire ;
Et vostre cœur sans doute en deviendroit plus fort,
Pour pouvoir resister aux attaques du sort.
I'en juge par moy-mesme, & la moindre disgrace,
Lors que je suis à ieun, me saisit, me terrace ;
Mais quãd i'ay biẽ mãgé, mõ ame est ferme à tout,
Et les plus grãds revers n'en viendroiét pas à bout.
Croyez-moy, bourrez-vous, & sãs reserve aucune,
Contre les coups que peut vous porter la Fortune ;
Et pour fermer chez vous l'entrée à la douleur,
De vingt verres de vin entourez vostre cœur.

LELIE.
Ie ne sçaurois manger.
GROS RENE' *à part ce demy Vers.*
Si feray bien, ie meure.
Vostre disné pourtant seroit prest tout à l'heure.
LELIE.
Tais-toy, je te l'ordonne.
GROS RENE'.
Ah, quel ordre inhumain!
LELIE.
I'ay de l'inquiétude, & non pas de la faim.
GROS RENE'.
Et moy j'ay de la faim, & de l'inquiétude,
De voir qu'un sot amour fait toute vostre étude.
LELIE.
Laisse-moy m'informer de l'objet de mes vœux,
Et sans m'importuner, va manger si tu veux.
GROS RENE'.
Ie ne replique point à ce qu'un Maistre ordonne.

IMAGINAIRE.

SCENE VIII.

LELIE seul.

JE ne vous diray rien de cette Scene, puis qu'elle ne contient que ces trois Vers.

LELIE seul.

NOn, non, à trop de peur mon ame s'abandône,
Le Pere m'a promis, & la fille a fait voir
Des preuves d'un amour qui soûtient mon espoir,

SCENE IX.

SGANARELLE, LELIE.

C'Est icy que l'Autheur fait voir qu'il ne sçait pas moins bien representer une Piece, qu'il la sçait composer; puisque l'on ne vit jamais rien de si bien joüé que cette Scene. Sganarelle ayant arraché à sa Femme le Portrait qu'elle luy venoit de reprendre, vient pour le considerer à loisir, lors que Lelie, voyant que cette Boëste ressembloit fort à celle où estoit le Portrait qu'il avoit donné à sa Maistresse, s'approche de luy pour le regarder par dessus son espaule; tellement que Sganarelle voyant qu'il n'a pas le loisir de considerer ce Portrait comme il le voudroit bien, & que de quelque costé qu'il se puisse tourner, il est obsedé par Lelie, & Lelie enfin de son costé, ne doutant plus que ce ne soit son Portrait, & impatient de sçavoir de qui Sganarelle peut l'avoir eu, s'enquerre de luy comment il est tombé entre ses mains. Ce desir étonne Sganarelle, mais sa surprise cesse bien-tost, lors qu'aprés avoir bien examiné ce Portrait, il reconnoist que c'est celuy de Lelie. Il luy dit qu'il sçait bien le soucy qui le tient, qu'il connoist bien que c'est son Portrait, & le prie de cesser un amour qu'un Mary peut trouver fort mauvais. Lelie luy demande s'il est Mary de celle qui conservoit ce gage. Sganarelle luy dit qu'oüy, & qu'il en est Mary tres-marry, qu'il en sçait bien la cause, & qu'il va sur l'heure l'apprendre aux Parens de sa Femme ; Et moy cependant je m'en vais vous apprendre les Vers de cette Scene. Il faut que vous preniez garde qu'un agreable mal-entendu est ce qui fait la beauté de cette Scene, & que subsistant pendant le reste de la Piece entre les quatre principaux Acteurs, qui sont Sganarelle, sa Femme, Lelie & sa Maistresse, qui ne s'entendent pas, il divertit merveilleusement l'Auditeur, sans fatiguer son esprit, tant il naist naturellement, & tant sa conduite est admirable dans cette Piece.

LE COCV

SGANARELLE.

Nous l'avons, & je puis voir à l'aise la trogne
Du malheureux pendart qui cause ma ver-
Il ne m'est point connu.   (gogne.

LELIE à part.

Dieux ! qu'apperçois-je icy ?
Et si c'est mon Portrait, que dois-je croire aussi ?

SGANARELLE *continuë.*

Ah ! pauvre Sganarelle, à quelle destinée
Ta reputation est-elle condamnée ?

*Appercevant Lelie qui le regarde, il se retourne
d'un autre costé.*

Faut....

LELIE à part.

Ce gage ne peut pas sans allarmer ma foy,
Estre sorty des mains qui le tenoient de moy.

SGANARELLE.

Faut-il que desormais à deux doigts on te montre,
Qu'on te mette en chasons, & qu'en toute rencôtre,
On te rejette au nez le scandaleux affront,
Qu'une Femme mal née imprime sur ton front ?

LELIE à part.

Me trompay-je ?

SGANARELLE.

Ah ! Truande, as-tu bien le courage
De m'avoir fait Cocu dans la fleur de mon âge ?
Et Femme d'un Mary qui peut passer pour beau,
Faut-il qu'un Marmouzet, un maudit Estourneau...

LELIE à part, *& regardant encore son
Portrait.*

Ie ne m'abuse point c'est mon portrait luy-mesme.

SGANARELLE *luy tourne le dos.*

Cét Homme est curieux.

IMAGINAIRE. 119
LELIE *à part.*
Ma surprise est extrême.
SGANARELLE.
A qui donc en a-t'il ?
LELIE *à part.*
haut.   Ie le veux accoster.
Puis-je.... hé ! de grace, un mot.
SGANARELLE *le suit encore.*
Que me veut-il conter ?
LELIE.
Puis-je obtenir de vous, de sçavoir l'avanture,
Qui fait dedans vos mains trouver cette peinture ?
SGANARELLE *à part, & examinant le Portrait*
qu'il tient de Lelie.
D'où luy vient ce desir ? mais je m'avise icy....
Ah ! ma foy me voila de son trouble éclaircy,
Sa surprise à present n'étonne plus mon ame,
C'est mon Hôme, ou plûtost c'est celuy de ma Féme.
LELIE.
Retirez-moy de peine, & dites d'où vous vient....
SGANARELLE.
Nous sçavons, Dieu mercy, le soucy qui vous tient;
Ce Portrait qui vous fasche est vostre ressemblance,
Il estoit en des mains de vostre connoissance,
Et ce n'est pas un fait qui soit secret pour nous,
Que les douces ardeurs de la Dame & de vous :
Ie ne sçay pas si j'ay dans sa galanterie
L'honneur d'estre connû de vostre Seigneurie ;
Mais faites-moy celuy de cesser desormais
Vn amour qu'un Mary peut trouver fort mauvais ;
Et songez que les nœuds du sacré mariage...
LELIE.
Quoy, celle, dites-vous, dont vous tenez ce gage.

SGANARELLE.
Est ma Femme, & je suis son Mary.
LELIE.
Son Mary?
SGANARELLE.
Oüy son Mary, vous dis-je, & Mary tres-marry;
Vous en sçavez la cause, & je m'en vais l'apprendre
Sur l'heure à ses parens.

SCENE

SCENE X.

LELIE *seul.*

Lelie se plaint dans cette Scene de l'infidelité de sa Maistresse, & l'outrage qu'elle luy fait, ne l'abbatant pas moins que les longs travaux de son Voyage, le fait tomber en foiblesse. Plusieurs ont assez ridiculement repris cette Scene, sans avoir pour justifier leur impertinence (autre chose à dire) sinon que l'infidelité d'une Maistresse n'estoit pas capable de faire évanoüir un homme. D'autres ont dit encor, que cét évanoüissement estoit mal placé; & que l'on voyoit bien que l'Autheur ne s'en estoit servy que pour faire naistre l'incident qui paroist ensuite. Mais je repondray en deux mots aux uns & aux autres : & je dis d'abord aux premiers, qu'ils n'ont pas bien consideré, que l'Autheur avoit preparé cét incident long-temps devant, & que l'infidelité de la Maistresse de Lelie, n'est pas seule la cause de son évanoüissement, qu'il en a encor deux puissantes raisons, dont l'une est les longs & penibles travaux d'un voyage de huit jours qu'il avoit fait en poste, & l'autre qu'il n'avoit point mangé depuis son arrivée, comme l'Autheur l'a découvert cy-devant aux Auditeurs, en faisant que Gros René le presse d'aller manger un morceau, afin de pouvoir resister aux attaques du sort [& c'est pour cela que je vous ay prié de remarquer la Scene qu'ils font ensemble] tellement qu'il n'est pas impossible qu'un Homme qui arrive d'un long voyage, qui n'a pas mangé depuis son arrivée, & qui apprend l'infidelité d'une Maistresse, s'évanoüisse. Voila ce que j'ay à dire aux premiers censeurs de cét incident miraculeux. Pour ce qui regarde les seconds, quoy qu'ils paroissent le reprendre avec plus de justice, je les confondray encor plûtost; & pour commencer à leur faire voir leur ignorance, je veux leur accorder que l'Autheur n'a fait évanoüir Lelie, que pour donner lieu à l'incident qui suit; mais ne doivent-ils pas sçavoir que quand un Autheur a un bel incident à inserer dans une Piece, s'il trouve des moyens vrais-semblables pour le faire naistre, il en doit d'autant estre plus estimé, que la chose est beaucoup plus difficile ; & qu'au contraire, s'il ne le fait paroistre que par des moyens estonnez & tirez par la queuë, il doit passer pour un ignorant, puis que c'est une des qualitez la plus necessaire à un Autheur, que de sçavoir inventer avec vray-semblance. C'est pourquoy puis qu'il y a tant de possibilité & de vray-semblance dans l'évanoüissement de Lelie, que l'on pourroit dire qu'il estoit absolument necessaire qu'il s'évanoüist, puis qu'il auroit paru peu amoureux, si estant arrivé à Paris, il s'estoit allé amuser à manger, au lieu d'aller trouver sa Maistresse : ils condamnent des choses qu'ils devroient estimer, puisque la conduite de cét incident avec toutes les préparations necessaires, fait voir que l'Autheur pense meurement à ce qu'il fait, & que rien ne se peut égaler à la solidité de son esprit. Voila quelle est ma pensée là dessus ; & pour vous montrer que les raisons que j'ay apportées sont vrayes, vous n'avez qu'à lire ces Vers.

LELIE *seul.*

AH ! que viens-je d'entendre

L'on me l'avoit bien dit, & que c'eſtoit de tous
L'Homme le plus mal-fait qu'elle avoit pour Epoux,
Ah! quand mille ſermens de ta bouche infidelle
Ne m'auroient pas promis une flâme eternelle,
Le ſeul mépris d'vn choix ſi bas & ſi honteux,
Devoit bien ſoûtenir l'intereſt de mes feux,
Ingrate, & quelque bien... Mais le ſenſible outrage
Se meſlant aux travaux d'un aſſez long voyage,
Me donne tout à coup un choc ſi violent,
Que mō cœur devient foible, & mō corps chancelât.

SCENE XI.

LELIE, LA FEMME DE SGANARELLE.

Voyons ſi quelqu'un n'aura point de pitié de ce pauvre Amant qui tombe en foibleſſe. La Femme de Sganarelle en colere contre ſon Mary, de ce qu'il luy avoit emporté le bijou qu'elle avoit trouvé, ſort de chez elle; & voyant Lelie qui commençoit à s'évanoüir, le fait entrer dans ſa Salle, en attendant que ſon mal ſe paſſe. Iugez aprés les tranſports de la jalouſie de Sganarelle, de l'effet que cét inci-

IMAGINAIRE.

dent doit produire, & s'il fut jamais rien de mieux imaginé. Vous pourrez lire les Vers de cette Scene, cependant que j'iray voir si Sganarelle a trouvé quelques-vns des parens de sa Femme.

LA FEMME *de Sganarelle se tournant vers Lelie.*

Malgré moy mon perfide..... Helas! quel mal vous presse?
Ie vous vois prest, Monsieur, à tomber en foiblesse.
LELIE.
C'est un mal qui m'a pris assez subitement.
LA FEMME *de Sganarelle.*
Ie crains icy pour vous l'évanoüissement;
Entrez dans cette Salle, en attendant qu'il passe.
LELIE.
Pour un moment ou deux, j'accepte cette grace.

SCENE XII.

SGANARELLE, & LE PARENT DE SA FEMME.

IL faudroit avoir le pinceau de Poussin, le Brun, & Mignard, pour vous representer avec quelle posture Sganarelle se fait admirer dans cette Scene, où il paroist avec un parent de sa Femme. L'on n'a jamais veu tenir de discours si naïfs, ny paroistre avec un visage si niais; & l'on ne doit pas moins admirer l'Autheur, pour avoir fait cette Piece, que pour la maniere dont il la represente. Iamais personne ne sceut si bien démonter son visage, & l'on peut dire que dedans cette Piece, il en change plus de vingt fois: mais comme c'est un divertissement que vous ne pouvez avoir à moins que de venir à Paris, voir representer cét incomparable Ouvrage, je ne vous en diray pas davantage, pour passer aux choses dont je puis plus ayſément vous faire part. Ce bon Vieillard remontre à Sganarelle, que le trop de promptitude expoſe ſouvent à l'erreur, que tout ce qui regarde l'honneur eſt delicat : enſuite il luy dit qu'il s'informe mieux comment ce Portrait eſt tombé entre les mains de ſa Femme; & que s'il ſe trouve qu'elle ſoit criminelle, il ſera le premier à punir ſon offenſe. Il ſe retire aprés cela. Comme je n'ay pû dans cette Scene vous envoyer le Portrait du viſage de Sganarelle, en voicy les Vers.

LE PARENT.

D'Vn Mary ſur ce point j'approuve le ſoucy;
Mais c'eſt prendre la chevre un peu bien viſte auſſi;
Et tout ce que de vous je viens d'oüir contr'elle,
Ne conclud point, Parent, qu'elle ſoit criminelle;
C'eſt un point delicat, & de pareils forfaits,
Sans les bien averer, ne s'imputent jamais.

SGANARELLE.

C'eſt à dire qu'il faut toucher au doigt la choſe.

LE PARENT.

Le trop de promptitude à l'erreur nous expoſe.
Qui ſçait comme en ſes mains ce Portrait eſt venu,
Et ſi l'Homme apres tout luy peut eſtre connu?
Informez-vous en donc; & ſi c'eſt ce qu'on penſe,
Nous ſerons les premiers à punir ſon offenſe.

SCENE XIII.

SGANARELLE *seul.*

Sganarelle, pour ne point démentir son caractere, qui fait voir un homme facile à prendre toutes sortes d'impressions, croit facilement ce que le bon homme luy dit, & commence à se persuader qu'il s'est trop tost mis dans la teste des visions cornuës, lors que Lelie sortant de chez luy, avec sa femme qui le conduit, le fait de nouveau rentrer en jalousie. Lers Vers qu'il dit dans cette Scene, vous feront mieux voir son caractere que je ne vous l'ay dépeint.

SGANARELLE.

ON ne peut pas mieux dire ; en effet, il est bon
D'aller tout doucement. Peut-estre sans raison
Me suis-je en teste mis ces visions cornuës,
Et les sueurs au front m'en sont trop tost venuës.
Par ce Portrait, enfin, dont je suis alarmé,
Mon des-honneur n'est pas tout à fait confirmé ;
Tâchons donc par nos soins ....

SCENE XIV.

SGANARELE, SA FEMME, LELIE *sur la Porte de Sganarelle, en parlant à sa Femme.*

JE ne vous dis rien de cette Scene, & je vous laisse juger par ces Vers de la surprise de Sganarelle.

SGANARELLE *poursuit.*

AH! que vois-je? je meure,
Il n'est plus question de Portrait à cette heure,
Voicy ma foy la chose en propre original.
LA FEMME *de Sganarelle à Lelie.*
C'est par trop vous haster, Monsieur ; & vostre mal,
Si vous sortez si tost, pourra bien vous reprendre.
LELIE.
Nô, nô, je vous rends grace autât qu'on puisse rêdre,
De l'obligeant secours que vous m'avez presté.
SGANARELLE *à part.*
La masque encore apres luy fait civilité.

F ĩ

SCENE XV.

SGANARELLE, LELIE.

LElie donne sans y penser le change à Sganarelle dans cette Scene, & ne le surprend pas moins, que l'autre a tantost fait en luy disant qu'il tenoit son Portrait des mains de sa Femme. Pour mieux juger de la surprise de Sganarelle, vous pouvez lire ces Vers, dont le dernier est placé si à propos, que jamais Piece entiere n'a fait tant d'éclat que ce Vers seul.

SGANARELLE *à part.*

IL m'apperçoit, voyons ce qu'il me pourra dire.
à part.   LELIE.
Ah! mon ame s'émeut, & cet objet m'inspire.....
Mais je dois condamner cet injuste transport,
Et n'imputer mes maux qu'aux rigueurs de mõ sort.
Envions seulement le bonheur de sa flâme.
O trop heureux d'avoir une si belle Femme!
    Passant auprés de luy, & le regardant.

SCENE XVI.

SGANARELLE, CELIE *regardant aller Lelie.*

L'On peut dire que cette Scene en contient deux, puis que Sganarelle fait une espece de Monoloque, pendant que Celie, qui avoit veu sortir son Amant d'avec luy, le conduit des yeux, jusqu'à ce qu'elle l'ait perdu de veuë, pour voir si elle ne s'estoit point trompée. Sganarelle de son costé regarde aussi en aller Lelie, & fait voir le dépit qu'il a de ne luy avoir pas fait insulte, aprés l'asseurance qu'il croit avoir d'estre Cocu de luy. Celie luy ayant laissé jetter la plus grande partie de son feu, s'en approche pour luy demander, si celuy qui luy vient de parler ne luy est pas connu ; mais il luy répond avec sa naïveté ordinaire, que c'est sa Femme qui le connoist, & découvre peu à peu, mais d'une maniere tout à fait agreable, que Lelie le des-honnore. C'est icy que l'équivoque divertit merveilleusement l'Auditeur, puis que Celie détestant la perfidie de son Amant, jettant feu & flames contre luy, & sortant à dessein de s'en venger, Sganarelle croit qu'elle prend sa défense, & qu'elle ne court à dessein de le punir, que pour l'amour de luy. Comme les Vers de cette Scene donnent à l'Auditeur un plaisir extraordinaire, il ne seroit pas juste de vous priver de ce contentement; c'est pourquoy en jettant les yeux sur les lignes suivantes, vous pourrez connoistre que l'Autheur sçait parfaitement bien conduire un équivoque.

SGANARELLE *sans Celie.*
Ce n'est point s'expliquer en termes ambigus,
Cet étrange propos me rend aussi confus,
Que s'il m'estoit venu des cornes à la teste.
Allez, ce procedé n'est point du tout honneste.
Il se tourne du costé que Lelie s'en vient d'en aller.
CELIE *à part.*
Quoy, Lelie a paru tout à l'heure à mes yeux,
Qui pourroit me cacher son retour en ces lieux?
SGANARELLE *poursuit.*
O trop heureux d'avoir une si belle Femme!
Malheureux, bien plutost, de l'avoir cette infame,
Dont le coupable feu trop bien verifié,
Sans respect ny demy nous a cocufié.

IMAGINAIRE. 131

Celie approche peu à peu de luy, & attend que
son transport soit finy pour luy parler.

Mais je le laisse aller apres un tel indice,
Et demeure les bras croisez comme un Iocrice.
Ah ! je devois du moins luy jetter son chapeau,
Luy rüer quelque pierre, ou crotter son manteau,
Et sur luy hautement pour contenter ma rage,
Faire au Larron d'honneur crier le voisinage.

CELIE.
Celuy qui maintenant devers vous est venu,
Et qui vous a parlé, d'où vous est-il connu ?

SGANARELLE.
Helas ! ce n'est pas moy qui le connoist, Madame,
C'est ma femme.   CELIE.
Quel trouble agite ainsi vostre ame ?

SGANARELLE.
Ne me condamnez point d'un deüil hors de saison,
Et laissez-moy pousser des soûpirs à foison.

CELIE.
D'où vous peuvét venir ces douleurs non cõmunes?

SGANARELLE.
Si je suis affligé, ce n'est pas pour des prunes,
Et je le donnerois a bien d'autres qu'à moy
De se voir sans chagrin au point où je me voy.
Des Maris malheureux vous voyez le modele,
On dérobe l'honneur au pauvre Sganarelle ;
Mais c'est peu que l'honneur dans mon affliction,
L'on me dérobe encor la reputation.

CELIE.
Comment ?

SGANARELLE.
Ce Damoiseau, parlant par reverence,
Me fait Cocu, Madame, avec toute licence;

Et j'ay sceu par mes yeux avererr aujourd'huy
Le commerce secret de ma Femme & de luy.

CELIE.

Celuy qui maintenant......

SGANARELLE.

Oüy, oüy, me des-honore,
Il adore ma Femme, & ma Femme l'adore.

CELIE.

Ah! j'avois bien jugé que ce secret retour
Ne pouvoit me couvrir que quelque lâche tour;
Et j'ay tremblé d'abord en le voyant parestre,
Par un pressentiment de ce qui devoit estre.

SGANARELLE.

Vous prenez ma defense avec trop de bonté,
Tout le monde n'a pas la mesme charité,
Et plusieurs qui tantost ont appris mon martyre,
Bien loin d'y prendre part n'en ont rien fait que rire.

CELIE.

Est-il rien de plus noir que ta lâche action?
Et peut-on luy trouver une punition?
Dois-tu ne te pas croire indigne de la vie,
Apres t'estre soüillé de cette perfidie?
O Ciel! est-il possible?

SGANARELLE.

Il est trop vray pour moy.

CELIE.

Ah! Traistre, Scelerat, Ame double & sans foy.

SGANARELLE.

La bonne ame!

CELIE.

Non, non, l'Enfer n'a point de gesne
Qui ne soit pour ton crime une trop douce peine.

IMAGINAIRE

SGANARELLE.

Que voila bien parler!

CELIE.

Avoir ainsi traité
Et la mesme innocence, & la mesme bonté!

SGANARELLE. *Il soûpire haut.*

Hay.

CELIE.

Vn cœur qui jamais n'a fait la moindre chose,
A merité l'affront où ton mépris l'expose?

SGANARELLE.

Il est vray.

CELIE.

Qui bien loin.... Mais c'est trop, & ce cœur
Ne sçauroit y songer sans mourir de douleur.

SGANARELLE.

Ne vous fâchez pas tant, ma tres-chere Madame,
Mõ mal vous touche trop, & vous me percez l'ame.

CELIE.

Mais ne t'abuse pas iusqu'à te figurer
Qu'à des plaintes sans fruit i'en veüille demeurer,
Mon cœur pour se venger sçait ce qu'il te faut faire,
Et i'y cours de ce pas, rien ne m'en peut distraire.

SCENE XVII.

SGANARELLE seul.

SI j'avois tantost besoin de ces excellens Peintres que je vous ay nommez, pour vous dépeindre le visage de Sganarelle ; j'aurois maintenant besoin, & de leur Pinceau, & de la Plume des plus excellens Orateurs, pour vous décrire cette Scene. Iamais il ne se vit rien de plus beau, jamais rien de mieux joüé, & jamais Vers ne furent si generalement estimez. Sganarelle joüe seul cette Scene, repassant dans son esprit tout ce que l'on peut dire d'un Cocu, & les raisons pour lesquelles il ne s'en doit pas mettre en peine, s'en démesle si bien, que son raisonnement pourroit en un besoin consoler ceux qui sont de ce nombre. Ie vous envoye les Vers de cette Scene, afin que si vous connoissez quelqu'un en vostre Païs qui soit de la Confrairie dont Sganarelle se croit estre, vous le puissiez par là retirer de la mélancolie où il pourroit s'estre plongé.

SGANARELLE seul.

Que le Ciel la preserve á iamais de danger,
Voyez quelle bonté de vouloir me venger :
En effet, son couroux qu'excite ma disgrace,
M'enseigne hautement ce qu'il faut que ie fasse,
Et l'on ne doit iamais souffrir sans dire mot
De semblables affrõts, à moins qu'estre un vray sot.
Courons donc le chercher cependãt qu'il m'affrõte;
Montrons nostre courage à venger nostre honte.
Vous apprendrez, Maroufle, à rire à nos dépens,
Et sans aucun respect faire Cocus les gens.
Doucement, s'il vous plaist, cet homme a biẽ la mine
  Il se retourne ayant fait trois ou quatre pas
D'avoir le sang boüillant, & l'ame un peu mutine,
Il pourra bien, mettant affront dessus affront,
Charger de bois mon dos, comme il a fait mõ front.
Ie hay de tout mon cœur les esprits coleriques,
Et porte grand amour aux Hommes pacifiques :
Ie ne suis point battant de peur d'estre battu,
Et l'humeur debonnaire est ma grande vertu;
Mais mon honneur me dit que d'une telle offence
Il faut absolument que ie prenne vengeance.
Ma foy laissons-le dire autant qu'il luy plaira,
Au Diantre qui pourtant rien du tout en fera :
Quãd i'aurai fait le brave, & qu'un fer pour ma peine
M'aura d'un vilain coup transpércé la bedaine,
Que par la Ville ira le bruit de mon trépas,
Dites-moy, mon honneur, en serez-vous plus gras?
La Biere est un séiour par trop melancolique,
Et trop mal-sain pour ceux qui craignét la colique :
Et quant à moy ie trouve, ayant tout compassé
Qu'il faut mieux estre encor Cocu, que Trépassé.

Quel mal cela fait-il ? la iambe en devient-elle
Plus tortuë apres tout, & la taille moins belle ?
Peste soit qui premier trouva l'invention
De s'affliger l'esprit de cette vision,
Et d'attacher l'honneur de l'homme le plus sage,
Aux choses que peut faire une femme volage :
Puis qu'on tient à bon droit tout crime personnel,
Que fait là nostre honneur pour estre criminel ?
Des actions d'autruy l'on nous donne le blâme.
Si nos femmes sans nous ont un commerce infame,
Il faut que tout le mal tombe sur nostre dos,
Elles font la sottise, & nous sommes les Sots :
C'est un vilain abus, & les gens de Police
Nous devroient bien regler une telle iniustice.
N'auons nous pas assez des autres accidens,
Qui nous viennent happer en dépit de nos dents ?
Les querelles, procez, faim, soif & maladie,
Troublent-ils pas assez le repos de la vie,
Sans s'aller de surcroist aviser sottement
De se faire un chagrin qui n'a nul fondement ?
Mocquons-nous de cela, méprisons les alarmes,
Et mettons sous nos pieds les soûpirs & les larmes ;
Si ma Femme a failly, qu'elle pleure bien fort.
Mais, pourquoy moy pleurer, puis que ie n'ay point
En tout cas ce qui peut m'oster ma fâcherie,   [tort
C'est que ie ne suis pas seul de ma Confrairie :
Voir caioler sa Femme, & n'en témoigner rien,
Se pratique àuiourd'huy par force gens de bien.
N'allons donc point chercher à faire une querelle
Pour un affront qui n'est que pure bagatelle
L'on m'appellera Sot de ne me venger pas ; *Mettant
Mais ie le serois fort de courir au trépas. *la main*
*Ie me sens là pourtant remüer une bile *sur son esto-*
Qui veut me conseiller quelque action virile : *mach*

IMAGINAIRE.

Oüy le couroux me prend, c'est trop estre poltron.
Je veux resolument me venger du Larron;
Desja pour commencer dans l'ardeur qui m'enflâme,
Je vais dire par tout qu'il couche avec ma Femme

Avoüez-moy maintenant la verité; est-il pas vray, Monsieur, que vous avez trouvé ces Vers tout à fait beaux, que vous ne vous estes pû empescher de les relire encore une fois, & que vous demeurez d'accord que Paris a eu raison de nommer cette Scene, la belle Scene.

SCENE XVIII.

GORGIBVS, CELIE, LA SVIVANTE.

Celie n'ayant point trouvé de moyen plus propre pour punir son Amant, que d'épouser Valere, dit à son Pere qu'elle est preste de suivre en tout ses volontez ; de quoy le bon Vieillard témoigne estre beaucoup satisfait, comme vous pouvez voir par ces Vers.

CELIE.

Ovy, ie veux bien subir une si iuste Loy,
Mon Pere, disposez de mes vœux & de moy,
Faites quand vous voudrez signer cette Hymenée,
A suivre mon devoir ie suis déterminée,
Ie pretends gourmander mes propres sentimens,
Et me soûmettre en tout à vos commandemens.

GORGIBVS.

Ah ! voila qui me plaist, de parler de la sorte ;
Parbieu, si grande ioye à l'heure me transporte,
Que mes iambes sur l'heure en cabrioleroient,
Si nous n'estiõs point veus de gens qui s'en riroiẽt.

IMAGINAIRE. 139
Approche-toy de moy, viença que je t'embrasse,
Vne belle action n'a pas mauvaise grace,
Vn Pere quand il veut peut sa Fille baiser,
Sans que l'on ait sujet de s'en scandaliser.
Va, le contentement de te voir si bien née,
Me fera raieunir de dix fois une année.

SCENE XIX.

CELIE, LA SVIVANTE.

Vous pourrez dans les cinq Vers qui suivent, apprendre tout le sujet de cette Scene.

LA SVIVANTE.
Ce changement m'étonne.
CELIE.
     Et lors que tu sçauras
Par quel motif i'agis, tu m'en estimeras.
LA SVIVANTE.
Cela pourroit bien estre.
CELIE.
     Apprens donc que Lelie
A pû blesser mon cœur par une perfidie,

LE COCV
Qu'il estoit en ces lieux sans....
LA SVIVANTE.
Mais il vient à nous.

SCENE XX.

CELIE, LELIE, LA SVIVANTE.

Dans cette Scene, Lelie qui avoit fait dessein de s'en retourner, vient trouver Celie, pour luy dire un eternel adieu, & se plaindre de son infidelité, dans la pensée qu'il a, qu'elle est mariée à Sganarelle; lors que Celie, qui croit avoir plus de lieu de se plaindre que luy, luy reproche de son costé sa perfidie ; ce qui ne donne pas un mediocre contentement à l'Auditeur, qui connoist l'innocence de l'un & de l'autre ; & comme vous la connoissez aussi, je croy que ces Vers vous pourront divertir.

LELIE.

Avant que pour iamais ie m'éloigne de vous,
Ie veux vous reprocher au moins en cette pla-
CELIE. (ce
Quoy me parler encor, avez-vous cette audace?

IMAGINAIRE. 141
LELIE.
Il est vray qu'elle est grande, & vostre choix est tel
Qu'à vous rien reprocher je serois criminel.
Vivez, vivez contente, & bravez ma memoire
Avec le digne Epoux qui vous comble de gloire.
CELIE.
Oüy, Traistre, j'y veux vivre, & mon plus grãd desir
Ce seroit que ton cœur en eust du déplaisir.
LELIE.
Qui rend donc contre moy ce courroux legitime?
CELIE.
Quoy, tu fais le surpris, & demande ton crime?

SCENE XXI.

CELIE, LELIE, SGANARELLE, LA SVIVANTE.

Sganarelle, qui comme vous avez veu dans la fin de la belle Scene (puis qu'elle n'a point à present d'autre nom dans Paris) a pris resolution de se venger de Lelie, vient pour cét effet dans cette Scene, armé de toutes pieces ; & comme il ne l'apperçoit pas, d'abord, il ne luy promet pas moins que la mort, dés qu'il le rencontrera ; Mais comme

il est de ceux qui n'exterminent leurs ennemis que quand ils sont absens, aussi-tost qu'il apperçoit Lelie, bien loin de luy passer l'épée au travers du corps, il ne luy fait que des reverences, & puis se retirant à quartier, il s'excite à faire quelque effort genereux, & à le tuer par derriere; & se mettant aprés en colere contre soy-mesme, de ce que sa poltronnerie ne luy permet pas seulement de le regarder entre deux yeux, il se punit soy-mesme de sa lascheté, par les coups & les soufflets qu'il se donne; & l'on peut dire, que quoy que bien souvent l'on ait veu des Scenes semblables, Sganarelle sçait si bien animer cette action, qu'elle paroist nouvelle au Theatre. Cependant que Sganarelle se tourmente ainsi luy-mesme, Celie & son Amant n'ont pas moins d'inquiétude que luy, & ne se reprochent que par des regards enflamez de couroux, leur infidelité imaginaire: la colere quand elle est montée jusqu'à l'excez, ne nous laissant pour l'ordinaire que le pouvoir de dire peu de paroles. Celie est la premiere qui à la veuë de Sganarelle dit à son Amant de jetter les yeux sur luy, & qu'il verra dequoy le faire ressouvenir de son crime; mais comment y trouveroit-il dequoy
le

le confondre, puis que c'est par là qu'il pretend la confondre elle-mesme. Il se passe encore quantité de choses dans cette Scene, qui confirme les soupçons de l'un & de l'autre; mais de peur de vous ennuyer trop long-temps par ma Prose, j'ay recours aux Vers que voicy, pour vous les expliquer.

SGANARELLE *entre armé.*

Guerre, guerre mortelle, à ce Larron d'honneur,
Qui sans misericorde a soüillé nostre hôneur.

CELIE *à Lelie.*
Tourne, tourne les yeux sans me faire répondre.

LELIE.
Ah! je vois....

CELIE.
Cét objet suffit pour te confondre.

LELIE.
Mais pour vous obliger bien plûtost à rougir.

SGANARELLE.
Ma colere à present est en estat d'agir,
Dessus ses grands chevaux est monté mon courage,
Et si je le rencontre on verra du carnage :
Oüy, j'ay juré sa mort, rien ne peut m'empécher,
Où je le trouveray, je le veux dépécher,
Au beau milieu du cœur il faut que je luy donne....

LELIE.
A qui donc en veut-on ?

SGANARELLE.
Je n'en veux à personne.

LELIE.
Pourquoy ces armes-là ?

G

GROS RENE'.
                    C'est un habillement
Que j'ay pris pour la pluye.
à part. Ah! quel contentement
J'aurois à le tuer, prenons-en le courage.
            LELIE.
Hay?
    SGANARELLE *se donnant des coups de poing sur
        l'estomach, & des soufflets pour s'exciter.*
à part. Ie ne parle pas. Ah! poltron dont j'enrage,
Lasche, vray cœur de poule.
            CELIE.
                    Il t'en doit dire assez
Cét objet dont tes yeux nous paroissent blessez.
            LELIE.
Oüy, je connois par là que vous estes coupable
De l'infidelité la plus inexcusable,
Qui jamais d'un Amant puisse outrager la foy.
            SGANARELLE *à part,*
Que n'ay-je un peu de cœur?
            CELIE.
                    Ah! cesse devant moy,
Traistre, de ce discours l'insolence cruelle.
            SGANARELLE.
Sganarelle tu vois qu'elle prend ta querelle,
Courage mon enfant, sois un peu vigoureux!
Là, hardy, tasche à faire un effort genereux,
En le tuant, tandis qu'il tourne le derriere.
    LELIE *faisant deux ou trois pas sans dessein, fai*
        retourner Sganarelle qui s'approchoit pour le tuer.
Puis qu'un pareil discours émeut vostre colere,
Ie dois de vostre cœur me montrer satisfait,
Et l'applaudir icy du beau choix qu'il a fait,

IMAGINAIRE.

CELIE.
Oüy, oüy, mon choix est tel qu'on n'y peut rien re-
LELIE. (prendre.
Allez, vous faites bien de le vouloir défendre.
SGANARELLE.
Sans doute elle fait bien de défendre mes droits :
Cette action, Monsieur, n'est point selon les loix,
I'ay raison de m'en plaindre, & si je n'estois sage,
On verroit arriver un étrange carnage.
LELIE.
D'où vous naist cette plainte ? & quel chagrin bru-
SGANARELLE. (tal...
Suffit, vous sçavez bien où le bois me fait mal ;
Mais vostre conscience & le soin de vostre ame
Vous devroient mettre aux yeux que ma Femme est
  ma Femme,
Et vouloir à ma barbe en faire vostre bien,
Que ce n'est pas du tout agir en bon Chrestien.
LELIE.
Vn semblable soupçon est bas & ridicule,
Allez, dessus ce poinct, n'ayez aucun scrupule,
Ie sçay qu'elle est à vous, & bien loin de brûler...
CELIE.
Ah ! qu'icy tu sçais bien, Traistre, dissimuler.
LELIE.
Quoy, me soupçonnez-vous d'avoir une pensée
De qui son ame ait lieu de se croire offensée ?
De cette lascheté voulez-vous me noircir ?
CELIE.
Parle, parle à luy-mesme, il pourra t'éclaircir.
SGANARELLE.
Vous me défendez mieux que je ne sçaurois faire,
Et du biais qu'il faut, vous prenez cette affaire.

G ij

SCENE XXII.

CELIE, LELIE, SGANARELLE,
SA FEMME, LA SUIVANTE.

Dans la quatriéme Scene de cette Piece, la Femme de Sganarelle qui avoit pris de la jalousie en voyant Celie entre les bras de son Mary, vient pour luy faire des reproches (ce qui fait voir la merveilleuse conduite de cét Ouvrage) jugez de la beauté qu'un agreable mal-entendu produit dans cette Scene : Sganarelle croit que sa Femme vient pour défendre son Galand, sa Femme croit qu'il aime Celie, Celie croit qu'elle vient ingenuëment se plaindre d'elle, à cause qu'elle est avec Lelie, & luy en fait des reproches ; & Lelie enfin ne sçait ce qu'on luy vient conter, & croit toûjours que Celie a épousé Sganarelle. Quoy que cette Scene donne un plaisir incroyable à l'Auditeur, elle ne peut pas durer plus long-temps sans trop de confusion, & je gage que vous souhaittez déja de voir comment toutes ces personnes sortiront de l'embarras où ils se rencontrent; mais je vous le donnerois bien à deviner en quatre coups, sans que vous en puissiez venir à bout. Peut-estre vous persuadez-vous qu'il va venir quelqu'un, qui sans y penser luy-mesme, les tirera de leur erreur : peut-estre croyez-vous aussi qu'à force de s'animer les uns contre les autres, quelqu'un venant à se justifier, leur fera voir à tous qu'ils s'abusent; Mais ce n'est point tout cela, & l'Autheur s'est servy d'un moyen dont personne ne s'est jamais avisé, & que vous pourrez sçavoir si vous lisez les Vers de cette Scene.

LA FEMME DE SGANARELLE, *à Celie.*
JE ne suis point d'humeur à vouloir contre vous
Faire éclater, Madame, un esprit trop jaloux,
Mais je ne suis point duppe, & voy ce qui se passe :
Il est de certains feux de fort mauvaise grace,
Et vostre ame devroit prendre un meilleur employ,
Que de seduire un cœur qui doit n'estre qu'à moy.

CELIE.
La declaration est assez ingenuë.

SGANARELLE *à sa Femme.*
L'on ne demandoit pas, Carogne, ta venuë,
Tu la viens quereller lors qu'elle me défend,
Et tu tremble de peur qu'on t'oste ton Galand.

G iij

LE COCV

CELIE se tournant vers Lelie.

Allez, ne croyez pas que l'on en ait envie,
Tu vois si c'est mensonge, & j'en suis fort ravie.

LELIE.

Que me veut-on conter ?

LA SVIVANTE.

Ma foy je ne sçay pas
Quand on verra finir ce galimatias :
Déja depuis long-temps je tasche à le comprendre,
Et si plus je l'écoute, & moins je puis l'entendre,
Ie vois bien à la fin que je m'en dois mesler.

Allant se mettre entre Lelie & sa Maistresse.

Répondez-moy par ordre & me laissez parler
à Lelie. Vous, qu'est-ce qu'à son cœur peut reprocher le vostre ?

LELIE.

Que l'infidelle a pû me quitter pour un autre ;
Que lors que sur le bruit de son Hymen fatal,
I'accours tout transporté d'un amour sans égal,
Dont l'ardeur resistoit à se croire oubliée,
Mon abord en ces lieux la trouve mariée.

LA SVIVANTE.

Mariée, à qui donc ?

LELIE *montrant Sganarelle.*

A luy.

LA SVIVANTE.

Comment à luy ?

LELIE.

Oüy da.

LA SVIVANTE.

Qui vous l'a dit ?

LELIE.

C'est luy-mesme aujourd'huy.

IMAGINAIRE. 149
LA SVIVANTE à Sganarelle.
Est-il vray ?
SGANARELLE.
Moy, j'ay dit que c'estoit ma Femme,
Que j'estois marié.
LELIE.
Dans un grand trouble d'ame,
Tantost de mon Portrait je vous ay veu saisi.
SGANARELLE.
Il est vray, le voila.
LELIE.
Vous m'avez dit aussi,
Que celle aux mains de qui vous avez pris ce gage,
Estoit liée à vous des nœuds du Mariage.
SGANARELLE montrant sa Femme.
Sans doute, & je l'avois de ses mains arraché,
Et n'eusse pas sans luy découvert son peché.
LA FEMME de Sganarelle.
Que me viens-tu conter par ta plainte importune ?
Ie l'avois sous mes pieds rencontré par fortune,
Et mesme quand aprés ton injuste couroux
I'ay fait dâs sa foiblesse entrer Monsieur chez nous,
Montrant Celie.
Ie n'ay pas reconnû les traits de sa peinture.
CELIE.
C'est moy qui du Portrait ay causé l'avanture,
Et je l'ay laissé choir en cette pâmoison, à Sganarelle.
Qui m'a fait par vos soins remettre à la maison.
LA SVIVANTE.
Vous voyez que sans moy vous y seriez encore,
Et vous aviez besoin de mon peu d'Elebore.
SGANARELLE.
Prédrons-nous tout cecy pour de l'argent cōptant;
Mō front l'a su r mon ame eu bien chaude pourtant?

G iiij

SA FEMME.
Ma crainte toutefois n'est pas trop dissipée,
Et doux que soit le mal, je crains d'estre trompée.
SGANARELLE.
Hé! mutuellement croyons-nous gens de bien,
Ie risque plus du mien que tu ne fais du tien,
Accepte sans façon le marché qu'on propose.
SA FEMME.
Soit; mais gare le bois si j'apprens quelque chose.
Celie à Lelie aprés avoir parlé bas ensemble.
Ah Dieux! s'il est ainsi, qu'est-ce donc que j'ay fait?
Ie dois de mon courroux apprehender l'effet :
Oüy, vous croyant sans foy, j'ay pris pour ma vengeance
Le malheureux secours de mon obeyssance.
Et depuis un moment mon cœur vient d'accepter
Vn Hymen que toûjours j'eus lieu de rebuter;
I'ay promis à mon Pere, & ce qui me desole...
Mais je le vois venir.
LELIE.
Il me tiendra parole.

SCENE XXIII.

CELIE, LELIE, GORGIBVS,
SGANARELLE, SA FEMME,
LA SVIVANTE.

Lelie dans cette Scene, demande l'effet de sa parole à Gorgibus : Gorgibus luy refuse sa Fille, & Celie ne se resout qu'à peine d'obeïr à son Pere, comme vous pouvez voir en lisant.

LELIE.

MOnsieur, vous me voyez en ces lieux de retour,
Brûlant des mesmes feux, & mō ardēte amour
Verra, comme ie croy, la promesse accomplie
Qui me donna l'espoir de l'Hymen de Celie.

GORGIBVS.

Monsieur, que ie revois en ces lieux de retour,
Brûlant des mesmes feux, & dont l'ardente amour
Verra que vous croyez la promesse accomplie,
Qui vous donne l'espoir de l'Hymen de Celie,
Tres-humble Serviteur à vostre Seigneurie.

LELIE.

Quoy, Monsieur, est-ce ainsi qu'on trahit mō espoir?

G ү

LE COCV

GORGIBVS.

Oüy, Monsieur, c'est ainsi que je fais mon devoir,
Ma fille en suit les loix.

LELIE.

Mon devoir m'interesse,
Mon Pere, à dégager vers luy vostre promesse

GORGIBVS

Est-ce répondre en fille à mes commandemens ?
Tu te démens bien-tost de tes bons sentimens,
Pour Valere tantost.... Mais j'apperçois son Pere,
Il vient asseurément pour conclure l'affaire.

SCENE DERNIERE.

CELIE, LELIE, GORGIBVS, SGANARELLE, SA FEMME, VILLEBREQVIN, LA SVIVANTE.

LA joye que Celie avoit euë en apprenant que son Amant ne luy estoit pas infidelle, eust esté de courte durée, si le Pere de Valere ne fust pas venu à temps pour les retirer tous deux de peine. Vous pourrez voir dans le reste des Vers de cette Piece, que voicy le sujet qui le fait venir.

IMAGINAIRE.

GORGIBVS.
Qvi vous ameine icy, Seigneur Villebrequin?
VILLEBREQVIN
Vn secret important que j'ay sceu ce matin,
Qui rompt absolument ma parole donnée.
Mon Fils, dont vostre Fille acceptoit l'Hymenée,
Sous des liens cachez trompans les yeux de tous,
Vit depuis quatre mois avec Lise en Espoux ;
Et comme des Parens le bien & la naissance
M'ostent tout le pouvoir de casser l'Alliance,
Ie vous viens....
GORGIBVS.
Brisons-là, si sans vostre congé,
Valere vostre Fils ailleurs s'est engagé,
Ie ne vous puis celer que ma Fille Celie
Dés long-temps par moy-même est promise à Lelie,
Et que riche en vertus son retour aujourd'huy
M'empesche d'agréer un autre Epoux que luy.
VILLEBREQVIN.
Vn tel choix me plaist fort.
LELIE.
Et cette juste envie
D'un bon-heur eternel va couronner ma vie.
GORGIBVS.
Allons choisir le jour pour se donner la foy.
SGANARELLE.
A-t'on mieux crû jamais estre Cocu que moy ?
Vous croyez qu'en ce fait la plus forte apparence
Peut jetter dans l'esprit une fausse creance ?
De cét exemple-cy ressouvenez-vous bien,
Et quand vous verriez tout, ne croyez jamais rien.

G vj

Sans mentir, Monsieur, vous me devez estre bien obligé de tant de belles choses que je vous envoye, & tous les Melons de vostre jardin ne sont pas suffisans pour me payer de la peine d'avoir retenu pour l'amour de vous cette Piece par cœur; mais j'oubliois de vous dire une chose à l'avantage de son Autheur, qui est que, comme je n'ay en cette Piece que je vous envoye que par effort de memoire, il peut s'y estre coulé quantité de mots les uns pour les autres, bien qu'ils signifient la mesme chose; & comme ceux de l'Autheur peuvent estre plus significatifs, je vous prie de m'imputer toutes les fautes de cette nature que vous y trouverez; & je vous conjure avec tous les Curieux de France, de venir voir representer cette Piece, comme un des plus beaux Ouvrages, & un des mieux joüez qui ait jamais parû sur la Scene.

L'ESTOVRDY
OV LES
CONTRE-TEMPS,
COMEDIE.

A MESSIRE
MESSIRE
ARMAND IEAN
DE RIANTS,
CHEVALLIER, BARON de Riverey, Seigneur de la Gallesierre, Oudangeau, & autres Lieux, Conseiller du Roy en tous ses Conseils, & Procureur de sa Majesté au Chastelet, Prevosté & Vicomté de Paris.

ONSIEVR,

Aprés avoir long-temps cherché quelque chose qui fust digne de vous estre of-

EPISTRE.

fert, pour ne pas laisser échaper aucune occasion de vous témoigner mes respects, & qui pût en mesme temps faire connoistre à tout le monde que j'ay essayé de rendre à vostre merite quelques marques particulieres de mon zele ; j'ay crû que vous ne des-avoüriez pas l'Estourdy ou les Contre-temps, quand vous sçaurez que c'est un Estourdy tout couvert de gloire, de s'estre fait admirer par la plus galante Cour du Monde, & qui a receu des avantages, que de plus prudens que luy se tiendroient glorieux d'avoir pû meriter ; toutes ces choses-là font voir qu'il y a de la difference entre luy & ceux qui portent son Nom. Neantmoins je crains qu'il ne perde aujourd'huy la haute reputation qu'il s'est acquise, quand on sçaura qu'il vient à Contre-temps se presenter à vous, & vous divertir des grandes & serieuses Occupations que vous donne l'illustre charge que Vous possedez, & qui demande

EPISTRE.

que vous ayez soin de la plus celebre Ville de la Terre: Vous le faites, MONSIEVR, avec tant d'aplaudissement, & vous vous acquitez de cette Charge avec tant de gloire, que le Prince, & les Peuples en sont également satisfaits; aussi chacun sçait-il que vous marchez sur les traces de vos Illustres Ayeüls, dont la Memoire ne perira jamais. Oüy, MONSIEVR, l'on se souviendra tousiours de ce Denis de Riants, dont vous sortez, qui s'aquita si dignement pour luy, & pour tout le Monde, de la Charge d'Avocat General, & de President au Mortier, qu'il possedoit dans le premier Parlement de France, & qui obligea cette Auguste Compagnie, de faire voir combien elle l'avoit tousiours estimé, lors qu'étant priée par ses Parens de se trouver aux honneurs funebres que l'on luy devoit rendre; Elle répondit, par l'organe de son premier President, Qu'elle estoit bien marrie

EPISTRE.

du trépas d'un Personnage de si grand sçavoir, & de si grande Vertu, & qu'elle luy rendroit tout l'honneur qu'elle luy devoit. *Aprés cela, MONSIEVR, l'on peut juger de la veneration que l'on a en France pour vostre Nom, & s'y soustenant, comme vous faites l'éclat & la gloire de vos Ancestres, je ne dois pas craindre de passer pour temeraire, en voulant faire vostre Panegyrique. L'on sçait assez que leurs grandes Actions & les vostres, me fourniroient trop de matiere, s'il m'estoit permis de l'entreprendre; mais les voulant laisser à d'autres plus capables de les décrire, je seray satisfait, si je puis vous persuader que je suis, plus que personne du monde,*

MONSIEVR,

Vostre tres-humble & tres-obeyssant Serviteur,
BARBIN.

ACTEVRS.

LELIE, fils de Pandolfe.
CELIE, esclave de Trufaldin.
MASCARILLE, valet de Lelie.
HYPOLITE, fille d'Anselme.
ANSELME, vieillard.
TRVFALDIN, vieillard.
PANDOLFE, vieillard.
LEANDRE, fils de famille.
ANDRES, crû Egyptien.
ERGASTE, valet.
VN COVRIER.
DEVX TROVPES de Masques.

La Scene est à Messine.

L'ESTOURDY
OU
LES CONTRETEMPS,
COMEDIE.

ACTE PREMIER.
SCENE I.
LELIE.

HE' bien! Leandre, hé bien! il faudra contester;
Nous verrons de nous deux qui pourra l'emporter;
Qui dans nos soins communs pour ce jeune miracle,
Aux vœux de son Rival portera plus d'obstacle.
Preparez vos efforts, & vous défendez bien,
Seur que de mon costé je n'espargneray rien.

SCENE II.

LELIE, MASCARILLE.

LELIE.

Ah! Mascarille.

MASCARILLE.

Quoy ?

LELIE.

Voicy bien des affaires,
J'ay dans ma passion toutes choses contraires :
Leandre ayme Celie, &, par un trait fatal,
Malgré mon changement, est toûjours mon rival.

MASCARILLE.

Leandre ayme Celie!

LELIE.

Il l'adore, te dis-je.

MASCARILLE.

Tant pis.

LELIE.

Hé! ouy, tant pis, c'est là ce qui m'afflige.
Toutefois j'aurois tort de me desesperer,
Puisque j'ay ton secours je puis me r'asseurer;
Je sçay que ton esprit en intrigues fertile,
N'a jamais rien trouvé qui luy fût difficile,
Qu'on te peut appeler le Roy des serviteurs,
Et qu'en toute la terre....

MAS.

COMEDIE.

MASCARILLE.
Hé, tréve de douceurs
Quand nous faisons besoin nous autres miserables,
Nous sommes les cheris & les incomparables,
Et dans un autre temps, dés le moindre courroux
Nous sômes les coquins qu'il faut roüer de coups.

LELIE.
Ma foy, tu me fais tort avec cette invective;
Mais enfin discourons un peu de ma captive,
Dy si les plus cruels & plus durs sentimens
Ont rien d'impenetrable à des traits si charmans?
Pour moy, dans ses discours, côme dans son visage,
Ie voy pour sa naissance un noble témoignage,
Et je croy que le Ciel dedans un rang si bas,
Cache son Origine, & ne l'en tire pas.

MASCARILLE.
Vous estes romanesque avecque vos chimeres;
Mais que fera Pandolfe en toutes ces affaires,
C'est, Monsieur, vostre pere, au moins à ce qu'il dit,
Vous sçavez que sa bile assez souvent s'aigrit,
Qu'il peste contre vous d'une belle maniere,
Quand vos déportemens luy blessent la visiere;
Il est avec Anselme en parole pour vous,
Que de son Hypolite on vous fera l'époux,
S'imaginant que c'est dans le seul mariage,
Qu'il pourra rencontrer de quoy vous faire sage.
Et s'il vient à sçavoir que rebutant son choix
D'un objet inconnû vous recevez les loix,
Que de ce fol amour la fatale puissance
Vous souftrait au devoir de vostre obeïssance,
Dieu sçait quelle tempeste alors éclatera,
Et de quels beaux sermons on vous régalera.

LELIE.
Ah! tréve, je vous prie, à vostre Rethorique.

H

MASCARILLE.
Mais vous, tréve plûtoſt à voſtre Politique,
Elle n'eſt pas fort bonne, & vous devriez tâcher....
LELIE.
Sçais-tu qu'on n'acquiert rien de bon à me fâcher?
Que chez moy les avis ont de triſtes ſalaires?
Qu'un valet conſeiller y fait mal ſes affaires?
MASCARILLE.
Il ſe met en courroux! tout ce que j'en ay dit
N'eſtoit rien que pour rire, & vous ſonder l'eſprit;
D'un cenſeur de plaiſirs ay-je fort l'encolure,
Et Maſcarille eſt-il ennemy de nature?
Vous ſçavez le contraire, & qu'il eſt tres-certain,
Qu'on ne peut me taxer que d'eſtre trop humain.
Moquez-vous des ſermõs d'un vieux barbõ de pere;
Pouſſez voſtre bidet, vous dis-je, & laiſſez faire;
Ma foy j'en ſuis d'avis, que ces penards chagrins,
Nous viennent étourdir de leurs contes badins,
Et vertueux par force, eſperent par envie,
Oſter aux jeunes gens les plaiſirs de la vie.
Vous ſçavez mon talent, je m'offre à vous ſervir.
LELIE.
Ah! c'eſt par ces diſcours que tu peux me ravir.
Au reſte, mon amour, quand je l'ay fait pareſtre,
N'a point eſté mal vû des yeux qui l'ont fait naîtrẽ;
Mais Leandre à l'inſtant vient de me déclarer
Qu'à me ravir Celie il ſe va preparer.
C'eſt pourquoy dépeſchons, & cherche dãs ta teſte
Les moyens les plus prõpts d'en faire une cõqueſte.
Treuve ruſes, détours, fourbes, inventions,
Pour fruſtrer un rival de ſes pretentions.
MASCARILLE.
Laiſſez-moy quelque temps rêver à cette affaire.
Que pourrois-je inventer pour ce coup neceſſaire?

COMEDIE.
LELIE.
Hé bien, le stratageme?
MASCARILLE.
Ah! comme vous courez!
Ma cervelle tousiours marche à pas mesurez.
J'ay treuvé vostre fait, il faut.... non, je m'abuse;
Mais, si vous alliez....
LELIE.
Ou?
MASCARILLE.
C'est une foible ruse,
J'en songeois une.
LELIE.
Et quelle?
MASCARILLE.
Elle n'iroit pas bien.
Mais ne pourriez-vous pas?....
LELIE.
Quoy?
MASCARILLE.
Vous ne pourriez rien.
Parlez avec Anselme.
LELIE.
Et que luy puis-je dire?
MASCARILLE.
Il est vray, c'est tomber d'un mal dedans un pire.
Il faut pourtant l'avoir. Allez chez Trufaldin.
LELIE.
Que faire?
MASCARILLE.
Ie ne sçay.
CELIE.
C'en est trop à la fin;
Et tu me mets à bout par ces contes frivoles.

MASCARILLE.
Monsieur, si vous aviez en main force pistoles,
Nous n'aurions pas besoin maintenant de rêver,
A chercher les biais que nous devons treuver ;
Et pourrions, par un prompt achat de cette esclave,
Empêcher qu'un rival vous previéne & vous brave.
De ces Egyptiens qui la mirent icy,
Trufaldin qui la garde est en quelque soucy,
Et trouvant son argent qu'ils luy font trop attédre,
Ie sçay bien qu'il seroit tres-ravy de la vendre :
Car enfin en vray ladre il a toûjours vescu,
Il se feroit fesser, pour moins d'un quart d'escu ;
Et l'argent est le Dieu que sur tout il revere :
Mais le mal c'est …

LELIE.
Quoy, c'est ?

MASCARILLE.
Que Monsieur vostre pere
Est un autre vilain qui ne vous laisse pas,
Comme vous voudriez-bien, manier ses ducats :
Qu'il n'est point de ressort qui pour vôtre ressource,
Peut faire maintenant ouvrir la moindre bourse :
Mais tâchons de parler à Celie un moment,
Pour sçavoir là-dessus quel est son sentiment.
La fenestre est icy.

LELIE,
Mais Trufaldin pour elle,
Fait de nuict & de jour exacte sentinelle ;
Prends garde.

MASCARILLE.
Dans ce coin demeurons en repos
O ! bon-heur ! la voilà qui paroist à propos.

SCENE III.

LELIE, CELIE, MASCARILLE.

LELIE.

AH! que le Ciel m'oblige, en offrant à ma veuë
Les celestes attraits dont vous estes pourveuë!
Et, quelque mal cuisant que m'ayēt causé vos yeux,
Que je prens de plaisir à les voir en ces lieux!

CELIE.
Mon cœur qu'avec raison vostre discours estonne,
N'entend pas que mes yeux fassent tord à personne;
Et, si dans quelque chose ils vous ont outragé,
Ie puis vous asseurer que c'est sans mon congé.

LELIE.
Ah! leurs coups sont trop beaux pour me faire une injure,
Ie mets toute ma gloire à cherir ma blessure,
Et.....

MASCARILLE.
Vous le prenez là d'un ton un peu trop haut ;
Ce style maintenant n'est pas ce qu'il nous faut ;
Profitons mieux du temps, & sçachons viste d'elle
Ce que....

TRVFALDIN *dans la maison.*
Celie.

MASCARILLE.
Hé bien ?

H iij

L'ESTOVRDY,

LELIE.
O ! rencontre cruelle,
Ce mal-heureux vieillard devoit-il nous troubler !
MASCARILLE.
Allez, retirez-vous ; je sçauray luy parler.

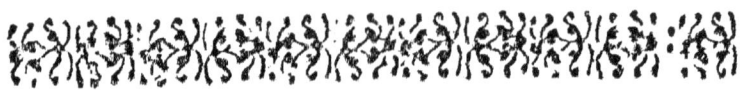

SCENE IV.

TRVFALDIN, CELIE, MASCARILLE, & LELIE retiré dans un coin.

TRVFALDIN à Celie.
Qve faites-vous dehors ? & quel soin vous talonne,
Vous à qui je deffens de parler à personne ?
CELIE.
Autrefois j'ay connû cét honneste garçon ;
Et vous n'auez pas lieu d'en prédre aucun soupçon.
MASCARILLE.
Est-ce là le Seigneur Trufaldin ?
CELIE.
Oüy, luy-mesme.
MASCARILLE.
Môsieur, je suis tout vostre, & ma joye est extrême,
De pouvoir saliier en toute humilité,
Vn homme dont le nom est par tout si vanté.
TRVFALDIN.
Tres-humble serviteur.

COMEDIE.

MASCARILLE.

J'incommode peut-eſtre ;
Mais je l'ay veuë ailleurs, où m'ayãt fait connoiſtre
Les grands talens qu'elle a pour ſçavoir l'avenir,
Ie voulois ſur un poinct un peu l'entretenir.

TRUFALDIN.

Quoy ! te mêlerois-tu d'un peu de diablerie ?

CELIE.

Non, tout ce que je ſçay n'eſt que blanche magie.

MASCARILLE.

Voicy donc ce que c'eſt. Le Maiſtre que je ſers,
Languit pour un objet qui le tient dans ſes fers ;
I. auroit bien voulu du feu qui le devore
Pouvoir entretenir la beauté qu'il adore :
Mais un dragon veillant ſur ce rare threſor
N'a pû, quoy qu'il ait fait, le luy permettre encor,
Et, ce qui plus le gêne & le rend miſerable,
Il vient de découvrir un rival redoutable ;
Si bien que, pour ſçavoir ſi ſes ſoins amoureux,
Ont ſujet d'eſperer quelque ſuccez heureux,
Ie viens vous conſulter, ſeur que de voſtre bouche.
Ie puis apprendre au vray le ſecret qui nous touche.

CELIE.

Sous quel Aſtre ton Maiſtre a-t-il receu le jour ?

MASCARILLE.

Sous un Aſtre à jamais ne changer ſon amour.

CELIE.

Sans me nommer l'objet pour qui ſon cœur ſoûpire,
La ſcience que j'ay m'en peut aſſez inſtruire ;
Cette fille a du cœur, & dans l'adverſité,
Elle ſçait conſerver une noble fierté,
Elle n'eſt pas d'humeur à trop faire connoiſtre,
Les ſecrets ſentimens qu'en ſon cœur on fait naître:

H iiij

Mais je les sçay côme elle, & d'un esprit plus doux,
Je vais en peu de mots vous les découvrir tous.
MASCARILLE.
O! merveilleux pouvoir de la vertu magique!
CELIE.
Si ton Maistre en ce poinct de constance se pique,
Et que la vertu seule anime son dessein,
Qu'il n'apprehende pas de soûpirer en vain;
Il a lieu d'esperer, & le fort qu'il veut prendre
N'est pas sourd aux traitez, & voudra bien se rédre.
MASCARILLE.
C'est beaucoup; mais ce fort dépéd d'un gouverneur
Difficile á gagner.
CELIE.
    C'est-là tout le mal-heur.
MASCARILLE.
Au diable le fâcheux qui toûjours nous éclaire.
CELIE.
Je vais vous enseigner ce que vous devez faire.
LELIE *les joignant.*
Cessez, ô! Trufaldin, de vous inquiéter,
C'est par mon ordre seul qu'il vous vient visiter;
Et je vous l'envoyois ce serviteur fidelle,
Vous offrir mon service, & vous parler pour elle,
Dont je vous veux dans peu payer la liberté,
Pourveu qu'entre nous deux le prix soit arresté.
MASCARILLE.
La peste soit la beste.
TRUFALDIN.
    Ho! Ho! qui des deux croire,
Ce discours au premier est fort contradictoire.
MASCARILLE.
Monsieur, ce galant homme a le cerveau blessé;
Ne le sçavez-vous pas?

COMEDIE.

TRVFALDIN.
Ie sçay ce que je sçay ;
I'ay crainte icy dessous de quelque manigance :
Rentrez, & ne prenez jamais cette licence :
Et vous filoux fieffez, ou je me trompe fort,
Mettez pour me joüer vos flutes mieux d'accord.

MASCARILLE.
C'est bien fait ; je voudrois qu'encor sans flatterie,
Il nous eust d'un baston chargez de compagnie ;
A quoy bon se montrer ? & comme un Estourdy,
Me venir dementir de tout ce que je dy.

LELIE.
Ie pensois faire bien.

MASCARILLE.
Oüy, c'estoit fort l'entendre ;
Mais quoy, cette action ne me doit point surprédre,
Vous estes si fertile en pareils Contre-temps,
Que vos écarts d'esprit n'étonnent plus les gens.

LELIE.
Ah ! mon Dieu, pour un rien me voila bien coupable;
Le mal est-il si grand qu'il soit irreparable ?
Enfin, si tu me mets Celie entre mes mains,
Songe au moins de Leandre à rompre les desseins,
Qu'il ne puisse acheter avant moy cette belle,
De peur que ma presence encor soit criminelle,
Ie te laisse.

MASCARILLE.
Fort bien. A dire vray, l'argent;
Seroit dans nostre affaire un seur & fort agent;
Mais ce ressort manquant, il faut user d'un autre.

H v

SCENE V.

ANSELME, MASCARILLE.

ANSELME.

Par mõ chef, c'est un siecle étrange que le nôtre!
J'en suis cõfus; iamais tãt d'amour pour le bien,
Et iamais tant de peine à retirer le sien.
Les 'ettes auiourd'huy, quelque soin qu'on employe,
Sont comme les enfans que l'on conçoit en ioye,
Et dont avecque peine on fait l'acouchement;
L'argent dans une bource entre agreablement :
Mais le terme venu que nous devons le rendre,
C'est lors que les douleurs commencent à nous prendre.
Baste, ce n'est pas peu que deux mille francs deus,
Depuis deux ans entiers me soient enfin rendus ;
Encore est-ce un bon-heur.

MASCARILLE.

O! Dieu, la belle proye
A tirer en volant! chut: il faut que ie voye,
Si ie pourrois un peu de prés le caresser.
Ie sçay bien les discours dont il le faut bercer.
Ie viens de voir Anselme…

ANSELME.

Et qui?

MASCARILLE.

Vostre Nerine.

COMÉDIE.

ANSELME.
Que dit-elle de moy cette gente assassine ?
MASCARILLE.
Pour vous elle est de flame.
ANSELME.
Elle ?
MASCARILLE.
Et vous aime tant
Que c'est grande pitié.
ANSELME.
Que tu me rends contant !
MASCARILLE.
Peu s'en faut que d'amour la pauvrette ne meure ;
Anselme, mon mignon, crie-t'elle, à toute heure,
Quand est-ce que l'hymen unira nos deux cœurs ?
Et que tu daigneras esteindre mes ardeurs ?
ANSELME.
Mais pourquoy iusqu'icy me les avoir celées ?
Les filles, par ma foy, sont bien dissimulées !
Mascarille, en effet, qu'en dis-tu ? quoy que vieux,
I'ay de la mine encore assez pour plaire aux yeux.
MASCARILLE.
Ouy, vrayment, ce visage est encor fort mettable ;
S'il n'est pas des plus beaux, il est des-agreable.
ANSELME.
Si bien donc....
MASCARILLE.
Si bien donc qu'elle est sotte de vous ;
Ne vous regarde plus....
ANSELME.
Quoy ?
MASCARILLE.
Que comme un espoux ;
Et vous veut...

ANSELME.
Et me veut...
MASCARILLE.
Et vous veut, quoy qu'il tienne,
Prendre la bourse.
ANSELME.
La?
MASCARILLE.
La bouche avec la sienne.
ANSELME.
Ah! je t'entends. Vien ça, lors que tu la verras,
Vante-luy mon merite autant que tu pourras.
MASCARILLE.
Laisse-moy faire.
ANSELME.
A Dieu.
MASCARILLE.
Que le Ciel te conduise.
ANSELME.
Ah! vrayment je faisois une étrange sottise,
Et tu pouvois pour toy m'accuser de froideur:
Ie t'engage à servir mon amoureuse ardeur,
Ie reçois par ta bouche une bonne nouvelle,
Sans du moindre present recompenser ton zele;
Tien, tu te souviendras....
MASCARILLE.
Ah! non pas, s'il vous plaist.
ANSELME.
Laisse moy.
MASCARILLE.
Point du tout, j'agis sans interest.
ANSELME.
Ie le sçay; mais pourtant....

COMEDIE.

MASCARILLE.

Non Anselme, vous dis-je,
Ie suis homme d'honneur, cela me des-oblige.

ANSELME.

Adieu donc, Mascarille.

MASCARILLE.

O ! long discours !

ANSELME.

Ie veux
Regaler par tes mains cét objet de mes vœux ;
Et ie vais te donner dequoy faire pour elle
L'achapt de quelque bague, ou telle bagatelle
Que tu trouveras bon.

MASCARILLE.

Non, laissez vostre argent,
Sans vous mettre en soucy, ie feray le present ;
Et l'on m'a mis en main une bague à la mode,
Qu'aprés vous payerez si cela l'accommode.

ANSELME.

Soit, donne la pour moy ; mais sur tout fay si bien,
Qu'elle garde toûjours l'ardeur de me voir sien.

SCENE VI.

LELIE, ANSELME, MASCARILLE.

LELIE.

A Qui la bource?

ANSELME.

Ah! Dieux, elle m'estoit tombée,
Et j'aurois aprés crû qu'on me l'eust dérobée;
Ie vous suis bien tenu de ce soin obligeant,
Qui m'épargne un grand trouble, & me rend mon argent:
Ie vay m'en décharger au logis tout à l'heure.

MASCARILLE.

C'est estre officieux, & tres-fort, ou je meure.

LELIE.

Ma foy, sans moy, l'argent estoit perdu pour luy.

MASCARILLE.

Certes, vous faites rage, & payez aujourd'huy
D'un jugement tres-rare, & d'un bon-heur extrême.
Nous avancerons fort, continuez de mesme.

LELIE.

Qu'est-ce donc? qu'ay-je fait?

MASCARILLE.

Le sot, en bon françois,
Puis que je puis le dire, & qu'enfin je le dois.
Il sçait bien l'impuissance où son pere le laisse,
Qu'un rival qu'il doit craindre étrangement nous
(presse,

COMEDIE.

Cependant quand je tente un coup pour l'obliger,
Dont je cours moy tout seul la honte & le dâger...

LELIE.
Quoy ! c'estoit....

MASCARILLE.
Oüy, bourreau, c'estoit pour la captive,
Que j'attrapois l'argent dont vostre soin nous prive,

LELIE.
S'il est ainsi j'ay tort ; mais qui l'eust deviné.

MASCARILLE.
Il falloit, en effet, estre bien rafiné.

LELIE.
Tu me devois par signe avertir de l'affaire.

MASCARILLE.
Oüy, ie devois au dos avoir mon luminaire ;
Au nom de Iupiter, laissez-moy en repos,
Et ne nous chantez plus d'impertinens propos :
Vn autre aprés cela quitteroit tout peut-estre ;
Mais j'avois medité tantost un coup de maistre,
Dont tout presentement je veux voir les effets,
A la charge que si....

LELIE.
Non, ie te le promets,
De ne me mesler plus de rien dire, ou rien faire.

MASCARILLE.
Allez donc, vostre veuë excite ma colere.

LELIE.
Mais sur tout haste toy, de peur qu'en ce dessein....

MASCARILLE.
Allez, encor un coup, i'y vay mettre la main.
Menons bien ce proiet, la fourbe sera fine,
S'il faut qu'elle succede ainsi que l'imagine.
Allons voir... bon voicy mon homme iustement.

SCENE VII.

PANDOLFE, MASCARILLE.

PANDOLFE.

Mascarille,

MASCARILLE.

Monsieur?

PANDOLFE.

A parler franchement,
Ie suis mal satisfait de mon fils.

MASCARILLE.

De mon maistre?
Vous n'estes pas le seul qui se plaigne de l'estre:
Sa mauvaise conduite insuportable en tout,
Met à chaque moment ma patience à bout.

PANDOLFE.

Ie vous croyois pourtant assez d'intelligence
Ensemble.

MASCARILLE.

Moy? Monsieur, perdez cette croyance;
Tousiours de son devoir ie tâche à l'advertir:
Et l'on nous voit sans cesse avoir maille à partir.
A l'heure mesme encor nous avons eu querelle,
Sur l'hymen d'Hypolite, où ie le voy rebelle;
Où par l'indignité d'un refus criminel,
Ie le vois offenser le respect paternel.

COMEDIE.

PANDOLFE.

Querelle!

MASCARILLE.
Oüy, querelle, & bien avant poussée.

PANDOLFE.
Ie me trompois donc bien : car j'avois la pensée,
Qu'à tout ce qu'il faisoit tu donnois de l'appuy.

MASCARILLE.
Moy! voyez ce que c'est que du mōde aujourd'huy;
Et comme l'innocence est tousiours opprimée.
Si mon integrité vous estoit confirmée ;
Ie suis auprés de luy gagé pour serviteur,
Vous me voudriez encor payer pour Precepteur :
Oüy, vous ne pourriez pas luy dire davantage,
Que ce que ie luy dis, pour le faire estre sage.
Monsieur, au nom de Dieu, luy fai-ie assez souvent,
Cessez de vous laisser conduire au premier vent,
Reglez-vous. Regardez l'honneste homme de pere
Que vous avez du Ciel, comme on le considere ;
Cessez de luy vouloir donner la mort au cœur,
Et, comme luy, vivez en personne d'honneur.

PANDOLFE.
C'est parler comme il faut : Et que peut-il répondre?

MASCARILLE.
Répondre? des chansons, dont il me vient cōfondre,
Ce n'est pas qu'en effet, dans le fond de son cœur,
Il ne tienne de vous des semences d'honneur ;
Mais sa raison n'est pas maintenant sa maistresse :
Si ie pouvois parler avecque hardiesse,
Vous le verriez dans peu soûmis sans nul effort.

PANDOLFE.
Parle.

MASCARILLE.
C'est un secret qui m'importeroit fort,

S'il estoit découvert : mais à vostre prudence
Ie puis le confier avec toute asseurance.
PANDOLFE.
Tu dis bien.
MASCARILLE.
Scachez donc que vos vœux sont trahis,
Par l'amour qu'une esclave imprime à vostre fils.
PANDOLFE.
On m'en avoit parlé ; mais l'action me touche,
De voir que ie l'apprenne encore par ta bouche.
MASCARILLE.
Vous voyez si ie suis le secret confident...
PANDOLFE.
Vrayment ie suis ravy de cela.
MASCARILLE.
Cependant
A son devoir, sans bruit, desirez-vous le rendre ?
Il faut... i'ay tousiours peur qu'on nous vienne surprendre :
Ce seroit fait de moy s'il sçavoit ce discours ;
Il faut, dis-ie, pour rompre à toute chose cours,
Acheter sourdement l'esclave idolatrée,
Et la faire passer en une autre contrée.
Anselme a grand accez auprés de Trufaldin ;
Qu'il aille l'acheter pour vous dés ce matin :
Aprés, si vous voulez en mes mains la remettre,
Ie connois des Marchands, & puis bien vous promettre,
D'en retirer l'argent qu'elle pourra couster :
Et malgré vostre fils de la faire écarter.
Car enfin si l'on veut qu'à l'hymen il se range,
A cét amour naissante il faut donner le change ;
Et de plus, quand bien mesme il seroit resolu,
Qu'il auroit pris le ioug que vous avez voulu :

COMEDIE.

Cet autre obiet pouvant réveiller son caprice,
A ce mariage encor peut porter préiudice.
PANDOLFE.
C'est tres-bien raisonné ; ce conseil me plaist fort ;
Ie vois Anselme, vá, ie m'en vais faire effort,
Pour avoir promptement cette esclave funeste,
Et la mettre en tes mains pour achever le reste.
MASCARILLE.
Bon, allons avertir mon Maistre de cecy :
Vive la fourberie, & les fourbes aussi.

SCENE VIII.

HYPOLITE, MASCARILLE.

HYPOLITE.
OVy, traistre, c'est ainsi que tu me rends service;
Ie viens de tout entendre, & voir ton artifice;
A moins que de cela, l'eussay-ie soupçonné !
Tu couches d'imposture, & tu m'en as donné !
Tu m'avois promis lâche, & i'avois lieu d'attendre,
Qu'on te verroit servir mes ardeurs pour Leandre;
Que du choix de Lelie, où l'on veut m'obliger,
Ton adresse & tes soins sçauroient me dégager ;
Que tu m'affranchirois du proiet de mon pere ;
Et cependant icy tu fais tout le contraire :
Mais tu t'abuseras, ie sçais un seur moyen,
Pour rompre cét achapt où tu pousses si bien ;
Et ie vais de ce pas....

MASCARILLE.
                    Ah ! que vous estes prompte !
La mouche tout d'un coup à la teste vous monte ;
Et, sans considerer s'il a raison ou non,
Vostre esprit contre moy fait le petit demon.
I'ay tort, & ie devrois sans finir mon ouvrage,
Vous faire dire vray, puis qu'ainsi l'on m'outrage.
            HYPOLITE.
Par quelle illusion penses-tu m'ébloüir ?
Traistre, peux-tu nier ce que ie viens d'oüir?
            MASCARILLE.
Non : mais il faut sçavoir que tout cét artifice
Ne va directement qu'à vous rendre service :
Que ce conseil adroit qui semble estre sans fard,
Iette dans le panneau l'un & l'autre vieillard :
Que mon soin par leurs mains ne veut avoir Celie,
Qu'à dessein de la mettre au pouvoir de Lelie :
Et faire que l'effet de cette invention
Dans le dernier excez portant sa passion.
Anselme rebuté de son pretendu gendre,
Puisse tourner son choix du costé de Leandre.
            HYPOLITE.
Quoy ! tout ce grãd proiet qui m'a mise en courout,
Tu l'as formé pour moy, Mascarille !
            MASCARILLE.
                        Oüy, pour vous.
Mais puis qu'on reconnoist si mal mes bons offices,
Et que, pour recompense, on s'en vient de hauteur
Me traiter de faquin, de lâche, d'imposteur,
Ie m'en vais reparer l'erreur que i'ay commise,
Et dés ce mesme pas rompre mon entreprise.
            HYPOLITE *l'arrestant.*
Hé ! ne me traite pas si rigoureusement,
Et pardonne aux trãsports d'un premier mouuemẽt.

MASCARILLE.

Non, non, laissez-moy faire, il est en ma puissance,
De détourner le coup qui si fort vous offense.
Vous ne vous plaindrez point de mes soins desormais:
Oüy, vous aurez mon Maistre, & ie vous le promets.
HYPOLITE.
Hé! mon pauvre garçon que ta colere cesse,
I'ay mal iugé de toy, i'ay tort, ie le confesse:
Tirant sa bourse.
Mais ie veux reparer ma faute avec cecy.
Pourrois-tu te resoudre à me quitter ainsi?
MASCARILLE.
Non, ie ne le sçaurois, quelque effort que ie fasse:
Mais vostre promptitude est de mauvaise grace.
Apprenez, qu'il n'est rien qui blesse un noble cœur,
Comme quand il peut voir qu'on le touche en l'honneur.
HYPOLITE.
Il est vray, ie t'ay dit de trop grosses iniures:
Mais que ces deux Louys guerissent tes blessures.
MASCARILLE.
Hé! tout cela n'est rien, ie suis tendre à ces coups:
Mais desia ie commence à perdre mon courroux,
Il faut de ses amis endurer quelque chose.

HYPOLITE.

Pourras-tu mettre à fin ce que ie me propose?
Et crois-tu que l'effet de tes desseins hardis
Produise à mon amour le succez que tu dis?

MASCARILLE.
N'ayez point pour ce faict l'esprit sur des épines;
I'ay des ressorts tout prests pour diverses machines;
Et quand ce stratagême à nos vœux manqueroit,
Ce qu'il ne feroit pas, un autre le feroit.
HYPOLITE.
Croy qu'Hypolite au moins ne sera pas ingrate.
MASCARILLE.
L'esperance du gain n'est pas ce qui me flatte.
HYPOLITE.
Ton maistre te fait signe, & veut parler à toy ;
Ie te quitte : mais songe à bien agir pour moy.

SCENE IX.

MASCARILLE, LELIE.

LELIE.

QVE diable fais-tu là? tu me promets merveille;
Mais ta lenteur d'agir est pour moy sans pareille:
Sans que mon bon genie au devant m'a poussé,
Déja tout mon bon-heur eust esté renversé.
C'estoit fait de mon bien, c'estoit fait de ma joye,
D'un regret eternel ie devenois la proye;
Bref, si ie ne me fusse en ce lieu rencontré,
Anselme avoit l'esclave, & i'en estois frustré.
Il l'emmenoit chez luy; mais i'ay paré l'atteinte,
I'ay détourné le coup, & tant fait, que par crainte
Le pauvre Trufaldin l'a retenuë.

MASCARILLE.

Et trois;
Quand nous serons à dix, nous ferons une croix.
C'estoit par mon adresse, ô cervelle incurable,
Qu'Anselme entreprenoit cét achapt favorable;
Entre mes propres mains on la devoit livrer,
Et vos soins endiablez nous en viennent sevrer;
Et puis pour vostre amour ie m'emploirois encore?
I'aymerois mieux cent fois estre grosse pecore,

Devenir cruche, chou, lanterne, loup-garou,
Et que monsieur Sathan vous vint tordre le cou.
LELIE.
Il nous le faut mener en quelque Hostellerie,
Et faire sur les pots décharger sa furie.

Fin du premier Acte.

ACTE

COMEDIE.

ACTE II.

SCENE PREMIERE.

MASCARILLE, LELIE.

MASCARILLE.

A Vos desirs enfin il a fallu se rendre,
Malgré tous mes sermens ie n'ay pû m'en
    deffendre,
Et pour vos interests que ie voulois laisser
En de nouveaux perils viens de m'embarasser.
Ie suis ainsi facile, & si de Mascarille
Madame la Nature avoit fait une fille,
Ie vous laisse à penser ce que sçauroit esté :
Toutesfois, n'allez pas sur cette seureté
Donner de vos revers au proiet que ie tente,
Me faire une beveuë, & rompre mon attente ;
Auprés d'Anselme encor nous vous excuserons,
Pour en pouvoir tirer ce que nous desirons ;
Mais, si d'oresnavant vostre imprudence éclatte,
Adieu vous dy mes soins pour l'obiet qui vous
    flatte.

LELIE.

Non, ie seray prudent, te dis-ie, ne crains rien,
Tu verras seulement…

I

MASCARILLE.

Souvenez-vous en bien:
J'ay commencé pour vous un hardy stratagême;
Voſtre pere fait voir une pareſſe extrême
A rendre par ſa mort tous vos deſirs contens;
Ie viens de le tuer, de parole, j'entens,
Ie fais courir le bruit que d'une apoplexie,
Le bon-homme ſurpris a quitté cette vie:
Mais avant, pour pouvoir mieux feindre ce trépas,
J'ay fait que vers ſa grange il a porté ſes pas.
On eſt venu luy dire, & par mon artifice,
Que les ouvriers qui ſont aprés ſon edifice,
Parmy les fondemens qu'ils en jettent encor,
Avoient fait par hazard rencontre d'un treſor;
Il a volé d'abord, & comme à la campagne
Tout ſon monde à preſent hors nous deux l'accom-
      pagne,
Dans l'eſprit d'un chacun je le tuë aujourd'huy,
Et produit un fantoſme enſevely pour luy:
Enfin, je vous ay dit, à quoy je vous engage,
Ioüez bien voſtre rôle, & pour mon perſonnage,
Si vous appercevez que j'y manque d'un mot,
Dittes abſolument que je ne ſuis qu'un ſot.

LELIE ſeul.

Son eſprit, il eſt vray, trouve une eſtrange voye
Pour adreſſer mes vœux au comble de leur joye;
Mais quand d'un bel objet on eſt bien amoureux,
Que ne feroit-on pas pour devenir heureux?
Si l'amour eſt au crime une aſſez belle excuſe,
Il en peut bien ſervir à la petite ruſe,
Que ſa flâme aujourd'huy me force d'approuver.
Par la douceur du bien qui m'en doit arriver:
Iuſte Ciel! qu'ils ſont prompts! je les vois en parole,
Allons nous preparer à joüer noſtre rôle.

SCENE II.

MASCARILLE, ANSELME.
MASCARILLE.

La nouvelle a sujet de vous surprendre fort.
ANSELME.
Estre mort de la sorte !
MASCARILLE.
Il a certes grand tort,
Ie luy sçay mauvais gré d'une telle incartade.
ANSELME.
N'avoir pas seulement le temps d'estre malade !
MASCARILLE.
Non, jamais homme n'eut si haste de mourir.
ANSELME.
Et Lelie ?
MASCARILLE.
Il se bat, & ne peut rien souffrir :
Il s'est fait en mains lieux contusion & bosse,
Et veut accompagner son papa dans la fosse :
Enfin, pour achever, l'excez de son transport
M'a fait en grande haste ensevelir le mort,
De peur que cét objet qui le rend hypocondre,
A faire un vilain coup ne me l'allast semondre.
ANSELME.
N'importe, tu devois attendre jusqu'au soir,
Outre qu'encore un coup j'aurois voulu le voir.
Qui tost ensevelit, bien souvent assassine,
Et tel est crû deffunct qui n'en a que la mine.

I ij

MASCARILLE.
Ie vous le garentis trépassé comme il faut:
Au reste, pour venir au discours de tantost,
Lelie, & l'action luy sera salutaire,
D'un bel enterrement veut regaler son pere,
Et consoler un peu ce deffunct de son sort,
Par le plaisir de voir faire honneur à sa mort:
Il herite beaucoup; mais comme en ses affaires,
Il se trouve assez neuf, & ne voit encor gueres;
Que son bien la plusparc n'est point en ces quartiers,
Ou que ce qu'il y tient consiste en des papiers;
Il voudroit vous prier, ensuite de l'instance
D'excuser de tantost son trop de violence,
De luy prester au moins pour ce dernier devoir..
ANSELME.
Tu me l'as desia dit, & je m'en vais le voir.
MASCARILLE.
Iusques icy du moins tout va le mieux du monde:
Tâchons à ce progrés que le reste réponde,
Et de peur de trouver dans le port un écueïl,
Conduisons le vaisseau de la main & de l'œil.

COMEDIE.

SCENE III.

LELIE, ANSELME, MASCARILLE.

ANSELME.

Sortons, je ne sçaurois qu'avec douleur tres-forte,
Le voir empaqueté de cette estrange sorte:
Las! en si peu de temps! il vivoit ce matin!
                MASCARILLE.
En peu de temps par fois on fait bien du chemin.
                LELIE.
Ah!
                ANSELME.
Mais quoy? cher Lelie, enfin il estoit homme:
On n'a point pour la mort de dispense de Rome.
                LELIE.
Ah!
                ANSELME.
    Sans leur dire gare elle abbat les humains,
Et contr'eux de tout temps a de mauvais desseins.
                LELIE.
Ah!
                ANSELME.
        Ce fier animal pour toutes les prieres,
Ne perdroit pas un coup de ses dents meurtrieres,

Tout le monde y passe.
LELIE.
Ah!
MASCARILLE.
Vous avez beau prescher,
Ce deüil enraciné ne se peut attracher.
ANSELME.
Si malgré ces raisons vostre ennuy persevere,
Mon cher Lelie, au moins, faites qu'il se modere.
LELIE.
Ah!
MASCARILLE.
Il n'en fera rien, je connois son humeur.
ANSELME.
Au reste, sur l'avis de vostre serviteur,
J'apporte icy l'argent qui vous est necessaire,
Pour faire celebrer les obseques d'un pere...
LELIE.
Ah! ah!
MASCARILLE.
Comme à ce mot s'augmente sa douleur,
Il ne peut sans mourir, songer à ce malheur.
ANSELME.
Je sçay que vous verrez aux papiers du bon homme,
Que je suis debiteur d'une plus grande somme :
Mais, quand par ces raisons je ne vous devrois rien,
Vous pourriez librement disposer de mon bien.
Tenez, je suis tout vostre, & le feray paroistre.
LELIE *s'en allant*.
Ah!
MASCARILLE.
Le grãd déplaisir que sent monsieur mon Maistre!
ANSELME.
Mascarille, je croy, qu'il seroit à propos,
Qu'il me fit de sa main un receu de deux mots.

COMEDIE.

MASCARILLE.
Ah!

ANSELME.
Des evenemens l'incertitude est grande.

MASCARILLE.
Ah!

ANSELME.
Faisons luy signer le mot que je demande.

MASCARILLE.
Las! en l'estat qu'il est, comment vous contenter!
Donnez-luy le loisir de se des-atrister;
Et quád ses déplaisirs prendront quelque allegeáce,
J'auray soin d'en tirer d'abord vostre asseurance.
Adieu, je sens mon cœur qui se gonfle d'ennuy,
Et m'en vay tout mon saoul pleurer avecque luy.
Ah!

ANSELME seul.
Le monde est remply de beaucoup de traverses.
Chaque homme tous les jours en ressét de diverses,
Et jamais icy-bas....

SCENE IV.

PANDOLFE, ANSELME.

ANSELME.

AH! bon Dieux, je fremy!
Pandolfe qui revient! fust-il bien endormy.
Comme depuis sa mort sa face est amaigrie!
Las! ne m'approchez pas du plus prés, je vous prie;
J'ay trop de repugnance à coudoyer un mort.

PANDOLFE.

D'od peut donc provenir ce bizarre transport?

ANSELME.

Dites-moy de bien loin quel sujet vous ameine,
Si pour me dire adieu vous prenez tant de peine,
C'est trop de courtoisie, & veritablement
Ie me serois passé de vostre compliment.
Si vostre ame est en peine & cherche des prieres,
Las! je vous en promets, & ne m'effrayez gueres.
Foy d'homme espouvanté, je vais faire à l'instant
Prier tant Dieu pour vous, que vous serez content;
    Disparoissez donc, je vous prie,
    Et que le Ciel par sa bonté,
    Comble de joye & de santé
   Vostre deffuncte Seigneurie.

PANDOLFE *riant*.

Malgré tout mon dépit, il m'y faut prendre part.

COMEDIE.

ANSELME.
Las ! pour un trépassé vous estes bien gaillart !
PANDOLFE.
Est-ce jeu ? dittes-nous, ou bien si c'est folie,
Qui traitte de deffunct une personne en vie ?
ANSELME.
Helas ! vous estes mort, & je viens de vous voir.
PANDOLFE.
Quoy ? j'aurois trépassé sans m'en appercevoir ?
ANSELME.
Si-tost que Mascarille en a dit la nouvelle,
I'en ay senty dans l'ame une douleur mortelle.
PANDOLFE.
Mais enfin dormez-vous ? estes-vous éveillé ?
Me connoissez-vous pas ?
ANSELME.
Vous estes habillé
D'un corps aërien qui contrefait le vostre,
Mais qui dans un moment peut devenir tout autre.
Ie crains fort de vous voir comme un geant grandir,
Et tout vostre visage affreusement laidir.
Pour Dieu, ne prenez point de vilaine figure;
I'ay prou de ma frayeur en cette conjecture.
PANDOLFE.
En une autre saison, cette naïveté,
Dont vous accompagnez vostre credulité,
Anselme, me seroit un charmant badinage,
Et j'en prolongerois le plaisir davantage :
Mais avec cette mort un tresor supposé,
Dont parmy les chemins on m'a des-abusé,
Fomente dans mon ame un soupçon legitime.
Mascarille est un fourbe, & fourbe fourbissime,
Sur qui ne peuvent rien la crainte, & le remors,
Et qui pour ses desseins a d'étranges ressorts.

I y

ANSELME.
M'auroit-on joüé piece, & fait supercherie?
Ah! vrayment ma raison vous seriez fort jolie!
Touchons un peu pour voir : en effet, c'est bien luy.
Malepeste du sot que je suis aujourd'huy!
De grace, n'allez pas divulguer un tel conte;
On en feroit joüer quelque farce à ma honte :
Mais, Pandolfe, aidez-moy vous-mesme à retirer
L'argent que j'ay donné pour vous faire enterrer.

PANDOLFE.
De l'argent, dites-vous?ah!c'est donc l'encloüeure,
Voila le nœud secret de toute l'avanture ;
A vostre dam: Pour moy, sans m'en mettre en soucy,
Je vais faire informer de cette affaire icy,
Contre ce Mascarille, & si l'on peut le prendre,
Quoy qu'il puisse couster, je veux le faire pendre.

ANSELME.
Et moy, la bonne duppe, à trop croire un vaurien,
Il faut dõc qu'aujourd'huy je perde, & sãg, & bien?
Il me sied bien, ma foy, de porter teste grise,
Et d'estre encore si prompt à faire une sottise!
D'examiner si peu sur un premier rapport!....
Mais je voy....

COMEDIE.

SCENE V.
LELIE, ANSELME.

LELIE.
Maintenant avec ce passe-port,
Ie puis à Trufaldin rendre aisément visite.
ANSELME.
A ce que je puis voir, vostre douleur vous quitte.
LELIE.
Que dittes-vous! jamais elle ne quittera
Vn cœur qui cherement toûjours la nourrira.
ANSELME.
Ie reviens sur mes pas, vous dire avec franchise,
Que tantost avec vous j'ay fait une méprise ;
Que parmy ces Loüys, quoy qu'ils semblent tres-
 beaux,
I'en ay sans y penser meslé que je tiens faux,
Et j'apporte sur moy dequoy mettre en leur place :
De nos faux Monnoyeurs l'insupportable audace,
Pullule en cét Estat d'une telle façon,
Qu'on ne reçoit plus rien qui soit hors de soupçon:
Mon Dieu, qu'on feroit bien de les faire tous pédre!
LELIE.
Vous me faites plaisir de les vouloir reprendre ;
Mais je n'en ay point veu de faux, comme je croy.
ANSELME.
Ie les connoistray bien, montrez, montrez-les moy ;
Est-ce tout ?

LELIE.
Oüy.
ANSELME.
Tant mieux; enfin je vous racroche.
Mon argent bien aymé, rentrez dedans ma poche;
Et vous, mon brave Escroc, vous ne tenez plus rien,
Vous tuez donc des gens qui se portent fort bien;
Et qu'auriez-vous donc fait sur moy, chetif beau-
pere?
Ma foy, je m'engendrois d'une belle maniere!
Et j'allois prendre en vous un beau-fils fort discret:
Allez, allez mourir de honte & de regret.
LELIE.
Il faut dire j'en tiens; quelle surprise extrême!
D'où peut-il avoir sceu si-tost le stratagême!

SCENE VI.

MASCARILLE, LELIE.

MASCARILLE.

Quoy ? vous estiez sorty ? je vous cherchois
  par tout :
Hé bien ? en sommes nous enfin venus à bout ?
Ie le donne en six coups au fourbe le plus brave,
C'a, donnez-moy que j'aille achetter nostre esclave,
Vostre rival aprés sera bien estonné.
LELIE.
Ah ! mon pauvre garçon, la chance a bien tourné,
Pourrois-tu de mon sort deviner l'injustice ?
MASCARILLE.
Quoy ? que ce seroit-ce ?
LELIE.
　　　　　　Anselme instruit de l'artifice,
M'a repris maintenant tout ce qu'il nous prestoit,
Sous couleur de changer de l'or que l'on doutoit.
MASCARILLE.
Vous vous moquez peut-estre ?
LELIE.
　　　　　　Il est trop veritable.
MASCARILLE.
Tout de bon ?
LELIE.
　　Tout de bon, j'en suis inconsolable ;

L'ESTOVRDY,

Tu te vas emporter d'un courroux sans égal.

MASCARILLE.

Moy, Monsieur? quelque sot, la colere fait mal;
Et je veux me choyer, quoy qu'enfin il arrive :
Que Celie aprés tout soit ou libre ou captive ;
Que Leandre l'achepte, ou qu'elle reste là,
Pour moy, je m'en soucie autant que de cela.

LELIE.

Ah ! n'aye point pour moy si grande indifference;
Et sois plus indulgent à ce peu d'imprudence,
Sans ce dernier mal-heur, ne m'avoüeras-tu pas,
Que j'avois fait merveille? & qu'en ce feint trépas
I'éludois un chacun d'un deüil si vray-semblable,
Que les plus clair-voyans l'auroient crû veritable?

MASCARILLE.

Vous avez en effet sujet de vous loüer.

LELIE.

Et bien, je suis coupable, & je veux l'avoüer ;
Mais, si jamais mon bien te fut considerable,
Repare ce mal-heur, & me sois secourable.

MASCARILLE.

Ie vous baise les mains, je n'ay pas le loisir.

LELIE.

Mascarille, mon fils.

MASCARILLE.
Point.

LELIE.
Fay moy ce plaisir.

MASCARILLE.

Non, je n'en feray rien.

LELIE.
Si tu m'és inflexible,

Ie m'en vais me tuer.

COMEDIE.

MASCARILLE.
Soit, il vous est loisible.
LELIE.
Ie ne te puis fléchir ?
MASCARILLE.
Non.
LELIE.
Vois-tu le fer prest?
MASCARILLE.
Oüy.
LELIE.
Ie vais le pousser.
MASCARILLE.
Faites ce qu'il vous plaist.
LELIE.
Tu n'auras pas regret de m'arracher la vie?
MASCARILLE.
Non.
LELIE.
Adieu Mascarille.
MASCARILLE.
Adieu Monsieur Lelie.
LELIE.
Quoy! .....
MASCARILLE.
Tuez-vous donc viste : ah ! que de longs devis!
LELIE.
Tu voudrois bien, ma foy, pour avoir mes habits,
Que je fisse le sot, & que je me tuasse.
MASCARILLE.
Sçavois-je pas qu'enfin ce n'estoit que grimace;
Et, quoy que ces esprits jurent d'effectuer,
Qu'on n'est point aujourd'huy si prompt à se tuer.

SCENE VII.

LEANDRE, TRVFALDIN, LELIE, MASCARILLE.

LELIE.
Qve vois-je! mon rival & Trufaldin ensemble!
Il achette Celie; ah! de frayeur je tremble.
MASCARILLE.
Il ne faut point douter qu'il fera ce qu'il peut,
Et, s'il a de l'argent, qu'il pourra ce qu'il veut:
Pour moy, j'en suis ravy; voila la recompense
De vos brusques erreurs, de vostre impatience.
LELIE.
Que dois-je faire ? dy, veüille me conseiller.
MASCARILLE.
Ie ne sçay.
LELIE.
Laisse-moy, je vais le quereller.
MASCARILLE.
Qu'en arrivera-il ?
LELIE.
Que veux-tu que je fasse
Pour empécher ce coup?
MASCARILLE.
Allez, je vous fais grace ;

COMEDIE. 207

Je jette encor un œil pitoyable sur vous,
Laissez-moy l'observer par des moyens plus doux:
Je vay, comme je croy, sçavoir ce qu'il projette.
TRVFALDIN.
Quand on viendra tantost, c'est une affaire faite.
MASCARILLE.
Il faut que je l'attrape, & que de ses desseins
Je sois le confident pour mieux les rendre vains.
LEANDRE.
Graces au Ciel, voila mon bon-heur hors d'atteinte,
J'ay sceu me l'asseurer, & je n'ay plus de crainte;
Quoy que desormais puisse entreprendre un rival,
Il n'est plus en pouvoir de me faire du mal.
MASCARILLE
Ahi, ahi, à l'ayde, au meurtre, au secours, on m'as-
sõme,
Ah, ah, ah, ah, ah, ah, ô traistre! ô bourreau d'hôme!
LEANDRE.
D'où procede cela ? qu'est-ce ? que te fait-on ?
MASCARILLE.
On vient de me donner deux cent coups de bâton.
LEANDRE.
Qui ?

MASCARILLE.
Lelie.
LEANDRE.
Et pourquoy ?
MASCARILLE.
Pour une bagatelle,
Il me chasse & me bat d'une façon cruelle.
LEANDRE.
Ah! vrayment il a tort:
Mais, où je ne pourray,
MASCARILLE.
Ou je jure bien fort, que je m'en vengeray;

Oüy, je te feray voir, batteur que Dieu confonde
Que ce n'est pas pour rien qu'il faut roüer le mode
Que je suis un valet ; mais fort homme d'honneur,
Et qu'aprés m'avoir eu quatre ans pour serviteur,
Il ne me falloit pas payer en coups de gaules,
Et me faire un affront si sensible aux espaules :
Ie te le dis encor, je sçauray m'en venger ;
Vne esclave te plaist, tu voulois m'engager
A la mettre en tes mains, & je veux faire en sorte
Qu'un autre te l'enleve, ou le Diable m'emporte.
LEANDRE.
Escoute, Mascarille, & quitte ce transport ;
Tu m'as pleu de tout temps, & je souhaittois fort
Qu'un garçon comme toy plein d'esprit & fidele,
A mon service un iour pust attacher son zele :
Enfin, si le party te semble bon pour toy,
Si tu veux me servir, je t'arreste, avec moy.
MASCARILLE.
Oüy, Monsieur, d'autãt mieux que le destin propice
M'offre à me bien venger en vous rendant service,
Et que dans mes efforts pour vos contentemens,
Ie puis à mon brutal trouver des chastimens.
De Celie, en un mot, par mon adresse extrême...
LEANDRE.
Mon amour s'est rendu cét office luy-mesme,
Enflâmé d'un objet qui n'a point de defaut,
Ie viens de l'achetter moins encor qu'il ne vaut
MASCARILLE.
Quoy ? Celie est à vous ?
LEANDRE.
Tu la verrois paroistre,
Si de mes actions j'estois tout à fait maistre :
Mais quoy ! mon pere l'est, comme il a volonté,
Ainsi que je l'apprends d'un paquet apporté,

COMEDIE.

De me déterminer à l'hymen d'Hypolite,
J'empesche qu'un rapport de tout cecy l'irrite.
Donc avec Trufaldin ; car je sors de chez luy,
J'ay voulu tout exprés agir au nom d'autruy,
Et l'achat fait, ma bague est la marque choisie,
Sur laquelle au premier il doit livrer Celie;
Je songe auparavant à chercher les moyens
D'oster aux yeux de tous ce qui charme les miens,
A trouver promptement un endroit favorable,
Où puisse estre en secret cette captive aymable.

MASCARILLE.

Hors de la ville un peu, je puis avec raison,
D'un vieux parent que j'ay vous offrir la maison,
Là vous pourrez la mettre avec toute asseurance,
Et de cette action nul n'aura connoissance.

LEANDRE.

Oüy, ma foy, tu me fais un plaisir souhaité
Tien donc, & va pour moy prendre cette beauté,
Dés que par Trufaldin ma bague sera veuë,
Aussi-tost en tes mains elle sera renduë,
Et dans cette maison tu me la conduiras
Quand.... mais chut, Hypolite est icy sur nos pas.

SCENE VIII.

HYPOLITE, LEANDRE, MASCARILLE.

HYPOLITE.
JE dois vous annoncer, Leandre, une nouvelle:
Mais la trouverez-vous agreable, ou cruelle?
LEANDRE.
Pour en pouvoir juger, & répondre soudain,
Il faudroit la sçavoir.
HYPOLITE.
Jusqu'au Temple, en marchant, je pourray vous
l'apprendre.
LEANDRE.
Va, va-t'en me servir sans davantage attendre.
MASCARILLE.
Oüy, je te vay servir d'un plat de ma façon;
Fut-il jamais au monde un plus heureux garçon!
O! que dans un moment Lelie aura de joye!
Sa Maistresse en nos mains tomber par cette voye!
Recevoir tout son bien, d'où l'on attend le mal!
Et devenir heureux par la main d'un rival!
Aprés ce rare exploit, je veux que l'on s'appreste
A me peindre en Heros un laurier sur la teste,
Et qu'au bas du Portrait on mette en lettres d'or,
Vivat Mascarillus, fourbum Imperator.

COMEDIE.

SCENE IX.

TRVFALDIN, MASCARILLE.

MASCARILLE.

Hola.

TRVFALDIN.
Que voulez-vous?

MASCARILLE.
Cette bague connuë,
Vous dira le sujet qui cause ma venuë.

TRVFALDIN.
Oüy, je reconnois bien la bague que voila:
Ie vais querir l'esclave, arrestez un peu là.

SCENE X.

LE COVRRIER, TRVFALDIN, MASCARILLE.

LE COVRRIER.

SEigneur, obligez-moy de m'enseigner un homme....

TRVFALDIN.

Et qui?

LE COVRRIER.

Ie croy que c'est Trufaldin qu'il se nomme.

TRVFALDIN.

Et que luy voulez-vous? vous le voyez icy.

LE COVRRIER.

Luy rendre seulement la Lettre que voicy.

LETTRE.

Le Ciel dont la bonté prend soucy de ma vie,
Viẽt de me faire ouyr par un bruit assez doux,
Que ma fille à quatre ans par des voleurs ra-
Sous le nõ de Celie est esclave chez vous. (vie,

Si vous sceustes jamais ce que c'est qu'être pere,
Et vous trouvez sẽsible aux tẽdresses du sang,
Conservez-moy chez vous cette fille si chere,
Comme si de la vostre elle tenoit le rang,

COMEDIE. 213

Pour l'aller retirer, je pars d'icy moy-mesme,
Et vous vais de vos soins recompenser si bien,
Que par vostre bonheur que je veux rendre
extresme,
Vous benirez le jour où vous causez le mien.
De Madrid.   Dom Pedro de Gusman,
                    Marquis de Montalcane.

TRVFALDIN.
Quoy qu'à leur Nation bien peu de foy soit deuë,
Ils me l'avoient bien dit, ceux qui me l'ont venduë,
Que je verrois dans peu quelqu'un la retirer,
Et que je n'aurois pas sujet d'en murmurer :
Et cependant j'allois dans mon impatience,
Perdre aujourd'huy les fruits d'une haute esperace,
Vn seul momét plus tard tous vos pas estoiét vains,
J'allois mettre en l'instant cette fille en ses mains ;
Mais suffit, j'en auray tout le soin qu'on desire.
Vous-mesme vous voyez ce que je viens de lire :
Vous direz à celuy qui vous a fait venir,
Que je ne luy sçaurois ma parole tenir.
Qu'il vienne retirer son argent.

MASCARILLE.
                    Mais l'outrage
Que vous luy faites....

TRVFALDIN.
          Va, sans causer davantage.

MASCARILLE.
Ah ! le fâcheux paquet que nous venons d'avoir !
Le sort a bien donné la baye à mon espoir !
Et bien à la mal-heure est-il venu d'Espagne,
Ce Courrier que la foudre, ou la gresle accompagne,
Iamais, certes, jamais, plus beau commencement,
N'eut en si peu de temps plus triste évenement.

SCENE XI.

LELIE, MASCARILLE.

MASCARILLE.

Qvel beau transport de joye à present vous inspire?
LELIE.
Laisse m'en rire encore avant que te le dire.
MASCARILLE.
C'à, rions donc bien fort, nous en avons sujet.
LELIE.
Ah! je ne feray plus de tes plaintes l'objet.
Tu ne me diras plus, toy qui toûjours me cries,
Que je gaste en broüillon toutes tes fourberies :
J'ay bien joüé moy-mesme un tour des plus adroits,
Il est vray, je suis prompt, & m'emporte par fois :
Mais pourtant, quand je veux, j'ay l'imaginative
Aussi bonne en effet, que personne qui vive ;
Et toy-mesme avoüeras que ce que j'ay fait part
D'une pointe d'esprit où peu de monde à part.
MASCARILLE.
Sçachons donc ce qu'a fait cette imaginative.
LELIE.
Tantost, l'esprit émeu d'une frayeur bien vive,
D'avoir veu Trufaldin avecque mon rival,
Je songeois à trouver un remede à ce mal,

Lors

COMEDIE. 115

Lorsque me ramassant tout entier en moy-mesme,
J'ay conceu, digeré, produit un stratagesme,
Devant qui tous les tiens, dont tu fais tant de cas,
Doivent sans contredit, mettre pavillon bas.

MASCARILLE.
Mais qu'est-ce ?

LELIE.
Ah ! s'il te plaist, donne toy patience,
J'ay donc feint une Lettre avecque diligence,
Comme d'un grand Seigneur écritte à Trufaldin,
Qui mande, qu'ayant sceu par un heureux destin,
Qu'une esclave qu'il tient sous le nom de Celie,
Est sa fille autrefois par des voleurs ravie;
Il veut la venir prendre, & le conjure au moins
De la garder toûjours, de luy rendre des soins;
Qu'à ce sujet il part d'Espagne, & doit pour elle
Par de si grands presens reconnoistre son zele,
Qu'il n'aura point regret de causer son bon-heur.

MASCARILLE.
Fort bien.

LELIE.
Escoute donc; voicy bien le meilleur.
La Lettre que je dis a donc esté remise;
Mais, sçais-tu bien comment ? en saison si bien prise,
Que le porteur m'a dit que sans ce trait falot,
Un homme l'emmenoit qui s'est trouvé fort sot.

MASCARILLE.
Vous avez fait ce coup sans vous donner au Diable.

LELIE.
Oüy, d'un tour si subtil m'aurois-tu crû capable ?
Loüé au moins mon adresse, & la dexterité,
Dont je romps d'un rival le dessein concerté.

MASCARILLE.
A vous pouvoir loüer selon vostre merite,
Il manque d'éloquence, & ma force est petite;

K

Oüy, pour bien étaler cét effort relevé,
Ce bel exploit de guerre à nos yeux achevé,
Ce grand & rare effet d'une imaginative,
Qui ne cede en vigueur à personne qui vive,
Ma langue est impuissante, & je voudrois avoir
Celles de tous les gens du plus exquis sçavoir,
Pour vous dire en beaux Vers, ou biē en docte Prose,
Que vous serez toûjours, quoy que l'on se propose,
Tout ce que vous avez esté durant vos jours ;
C'est à dire, un esprit chaussé tout à rebours,
Vne raison malade, & toûjours en débauche,
Vn envers du bon sens, un jugement à gauche,
Vn broüillon, une beste, un brusque, un estourdy
Que sçay-je, un, cent fois plus encor que je ne dy ;
C'est faire en abregé vostre panegyrique.
LELIE.
Apprends moy le sujet qui contre moy te pique :
Ay-je fait quelque chose ? éclaircy moy ce poinct.
MASCARILLE.
Non, vous n'avez rien fait ; mais ne me suivez point.
LELIE.
Ie te suivray par tout, pour sçavoir ce mystere.
MASCARILLE.
Oüy ? sus donc, preparez vos jambes à bien faire ?
Car je vais vous fournir dequoy les exercer.
LELIE.
Il m'échape ! ô mal-heur qui ne se peut forcer !
Au discours qu'il m'a fait que sçaurois-je comprendre ?
Et quel mauvais office aurois-je pû me rendre ?

Fin du second Acte.

ACTE III.

SCENE PREMIERE.

MASCARILLE seul.

Taisez-vous, ma bonté, cessez vôtre entretié;
Vous estes une sotte, & je n'en feray rien;
Oüy, vous avez raison, mon courroux, je l'advouë;
Relier tant de fois ce qu'un broüillon dénoüé,
C'est trop de patience ; & je dois en sortir
Apres de si beaux coups qu'il a sceu divertir.
Mais aussi, raisonnons un peu sans violence ;
Si je suis maintenant ma juste impatience,
On dira que je cede à la difficulté,
Que je me trouve à bout de ma subtilité;
Et que deviendra lors cette publique estime,
Qui te vante par tout pour un fourbe sublime,
Et que tu t'es acquise en tant d'occasions,
A ne t'estre jamais veu court d'inventions?
L'honneur, ô Mascarille, est une belle chose:
A tes nobles travaux ne fais aucune pause;
Et, quoy qu'un maistre ait fait pour te faire enrager,
Acheve pour ta gloire, & non pour l'obliger.

Mais quoy! que feras-tu, que de l'eau toute claire,
Traversé sans repos par ce demon contraire?
Tu vois qu'à chaque instant il te fait déchanter,
Et que c'est battre l'eau, de pretendre arrester
Ce torrent effrené, qui de tes artifices
Renverse en un moment les plus beaux Edifices.
Et bien, pour toute grace, encore un coup du moins,
Au hazard du succez, sacrifions des soins;
Et, s'il poursuit encor à rompre nostre chance,
J'y consens, ostons-luy toute nostre assistance.
Cependant nostre affaire encor n'iroit pas mal,
Si par là nous pouvions perdre nostre rival,
Et que Leandre enfin, lassé de sa poursuitte,
Nous laissast jour entier pour ce que je medite.
Oüy, je roule en ma teste un trait ingenieux,
Dont je promettrois bien un succez glorieux,
Si je puis n'avoir plus cét obstacle à combattre:
Bon, voyons si son feu se rend opiniâtre.

SCENE II.

LEANDRE, MASCARILLE.

MASCARILLE.

Monsieur, j'ay perdu temps, vostre homme se
dedit.

LEANDRE.

De la chose luy-mesme il m'a fait un recit;
Mais, c'est bien plus, j'ay sceu que tout ce beau my-
stére,
D'un rapt d'Egyptiés, d'un grãd Seigneur pour pere,
Qui doit partir d'Espagne, & venir en ces lieux,
N'est qu'un pur stratagesme, vn trait facetieux,
Vne histoire à plaisir, vn conte dont Lelie
A voulu détourner nostre achat de Celie.

MASCARILLE.

Voyez un peu la fourbe!

LEANDRE.

Et pourtant Trufaldin
Est si bien imprimé de ce conte badin,
Mord si bien à l'appas de cette foible ruse,
Qu'il ne veut point souffrir que l'on le desabuse.

MASCARILLE.

C'est pourquoy desormais il la gardera bien,
Et je ne voy pas lieu d'y pretendre plus rien.

LEANDRE.
Si d'abord à mes yeux elle parût aymable,
Ie viens de la trouver tout à fait adorable,
Et je suis en suspens, si pour me l'acquerir,
Aux extrémes moyens je ne dois point courir,
Par le don de ma foy rompre sa destinée,
Et changer ses liens en ceux de l'hymenée.
MASCARILLE.
Vous pourriez l'épouser !
LEANDRE.
Ie ne sçay : mais enfin,
Si quelque obscurité se trouve en son destin,
Sa grace & sa vertu sont de douces amorces,
Qui pour tirer les cœurs ont d'incroyables forces.
MASCARILLE.
Sa vertu, dittes-vous ?
LEANDRE.
Quoy ! que murmures-tu ?
Acheve, explique-toy sur ce mot de vertu.
MASCARILLE.
Monsieur, vostre visage en un moment s'altere,
Et je feray bien mieux peut-estre de me taire.
LEANDRE.
Non, non, parle.
MASCARILLE.
Hé bien donc, tres-charitablement,
Ie vous veux retirer de vostre aveuglement.
Cette fille....
LEANDRE.
Poursuy.
MASCARILLE.
N'est rien moins qu'inhumaine,
Dans le particulier elle oblige sans peine, (tout,
Et son cœur, croyez-moy, n'est point roche aprés
A quiconque la sçait prendre par le bon bout ;

COMEDIE.

Elle fait la sucrée, & veut passer pour prude :
Mais je puis en parler avecque certitude ;
Vous sçavez que je suis quelque peu du mestier,
A me devoir connoistre en un pareil gibier.

LEANDRE.
Celie....

MASCARILLE.
Oüy, sa pudeur n'est que franche grimace,
Qu'une ombre de vertu qui garde mal la place,
Et qui s'évanoüit, comme l'on peut sçavoir,
Aux rayons du Soleil qu'une bource fait voir.

LEANDRE.
Las ! que dis-tu ? croiray-je un discours de la sorte !

MASCARILLE.
Monsieur, les volontez sont libres, que m'importe?
Non, ne me croyez-pas, suivez vostre dessein,
Prenez cette matoise, & luy donnez la main ;
Toute la ville en corps reconnoistra ce zele,
Et vous épouserez le bien public en elle.

LEANDRE.
Quelle surprise estrange !

MASCARILLE *bas.*
     Il a pris l'hameçon ;
Courage, s'il s'y peut enferrer tout de bon,
Nous nous ostons du pied une fascheuse espine.

LEANDRE.
Ouy, d'un coup estonnant ce discours m'assassine,

MASCARILLE.
Quoy ! vous pourriez !....

LEANDRE.
     Va-t'en jusqu'à la poste, & voy
Ie ne sçay quel paquet qui doit venir pour moy.
Qui ne s'y fut trompé ? jamais l'air d'un visage,
Si ce qu'il dit est vray, n'imposa davantage.

K iiij

SCENE III.

LELIE, LEANDRE.

LELIE.

DV chagrin qui vous tient, quel peut-estre l'objet?

LEANDRE.

Moy?

LELIE.

Vous-mesme.

LEANDRE.

Pourtant je n'en ay point sujet.

LELIE.

Ie voy bien ce que c'est, Celie en est la cause.

LEANDRE.

Mon esprit ne court pas aprés si peu de chose.

LELIE.

Pour elle vous aviez pourtant de grands desseins;
Mais il faut dire ainsi, lors qu'ils se trouvent vains.

LEANDRE.

Si j'étois assez sot, pour cherir ses caresses,
Ie me mocquerois bien de toutes vos finesses.

LELIE.

Quelles finesses donc?

LEANDRE.

Mon Dieu, nous sçavons tout.

COMEDIE.

LELIE.
Quoy ?

LEANDRE.
Vostre procedé de l'un à l'autre bout.

LELIE.
C'est de l'Hebreu pour moy, je n'y puis rien comprendre.

LEANDRE.
Feignez, si vous voulez, de ne me pas entendre ;
Mais, croyez-moy, cessez de craindre pour un bien,
Où je serois fasché de vous disputer rien ;
J'ayme fort la beauté qui n'est point prophanée,
Et ne veux point brûler pour une abandonnée.

LELIE.
Tout beau, tout beau, Leandre.

LEANDRE.
Ah ! que vous estes bon !
Allez, vous dis-je encor, servez-là sans soupçon,
Vous pourrez vous nommer homme à bonnes fortunes :
Il est vray, sa beauté n'est pas des plus communes ;
Mais en revanche aussi le reste est fort commun.

LELIE.
Leandre, arrestons-là ce discours importun.
Contre moy tât d'efforts qu'il vous plaira pour elle ;
Mais sur tout retenez cette atteinte mortelle :
Sçachez que je m'impute à trop de lâcheté,
D'entendre mal parler de ma divinité ;
Et que j'auray toûjours bien moins de repugnance
A souffrir vostre amour, qu'un discours qui l'offéce.

LEANDRE.
Ce que j'avance icy me vient de bonne part.

LELIE.
Quiconque vous l'a dit, est un lasche, un pendard ;

On ne peut imposer de tache à cette fille;
Ie connois bien son cœur.
LEANDRE.
Mais enfin Mascarille,
D'un semblable procez est juge competant;
C'est luy qui la condamne.
LELIE.
Oüy?
LEANDRE.
Luy-mesme.
LELIE.
Il pretend
D'une fille d'honneur insolemment médire,
Et que peut-estre encor je n'en feray que rire.
Gage qu'il se dédit.
LEANDRE.
Et moy gage que non.
LELIE.
Parbleu je le ferois mourir sous le baston,
S'il m'avoit soûtenu des faussetez pareilles.
LEANDRE.
Moy, je luy couperois sur le champ les oreilles,
S'il n'estoit pas garant de tout ce qu'il m'a dit.

COMEDIE.

SCENE V.
LELIE, LEANDRE, MASCARILLE.

LELIE.
AH! bon, bon, le voila, venez-çà, chien maudit.
MASCARILLE.
Quoy?
LELIE.
Langue de serpent fertile en impostures,
Vous osez sur Celie attacher vos morsures!
Et luy calomnier la plus rare vertu,
Qui puisse faire éclat sous un sort abattu!
MASCARILLE.
Doucement, ce discours est de mon industrie.
LELIE.
Non, non, point de clin d'œil, & point de raillerie;
Ie suis aveugle à tout, sourd à quoy que ce soit;
Fust-ce mon propre frere, il me la payeroit;
Et sur ce que j'adore oser porter le blasme,
C'est me faire une playe au plus tendre de l'ame;
Tous ces signes sôt vains, quels discours as-tu faits?
MASCARILLE.
Mon Dieu, ne cherchons point querelle, ou je m'en vais.
LELIE.
Tu n'eschaperas pas.
MASCARILLE.
Ahii.

K vj

LELIE.
Parle donc, confesse
MASCARILLE.
Laissez-moy, je vous dy que c'est un tour d'adresse.
LELIE.
Dépesche, qu'as-tu dit? vuide entre nous ce poinct.
MASCARILLE.
J'ay dit ce que j'ay dit, ne vous emportez point.
LELIE.
Ah! je vous feray bien parler d'une autre sorte.
LEANDRE.
Alte un peu, retenez l'ardeur qui vous emporte.
MASCARILLE.
Fut-il jamais au monde un esprit moins sensé!
LELIE.
Laissez-moy contenter mon courage offensé.
LEANDRE.
C'est trop que de vouloir le battre en ma presence.
LELIE.
Quoy! chastier mes gens, n'est pas en ma puissance?
LEANDRE.
Comment vos gens?
MASCARILLE.
Encor! il va tout découvrir.
LELIE.
Quand j'aurois volonté de le battre à mourir,
Hé bien? c'est mon valet?
LEANDRE.
C'est maintenant le nostre.
LELIE.
Le trait est admirable! & comment donc le vostre?
Sans doute....
MASCARILLE *bas*.
Doucement.

COMEDIE.

LELIE.
Hem, que veux-tu conter?
MASCARILLE bas.
Ah! le double bourreau qui me va tout gaster!
Et qui ne comprend rié quelque signe qu'on donne.
LELIE.
Vous rêvez bien, Leandre, & me la baillez bonne.
Il n'est pas mon valet?
LEANDRE.
Pour quelque mal commis,
Hors de vostre service il n'a pas esté mis?
LELIE.
Ie ne sçay ce que c'est.
LEANDRE.
Et plein de violence,
Vous n'avez pas chargé son dos avec outrance?
LELIE.
Point du tout. Moy? l'avoir chassé, roüé de coups?
Vous vous mocquez de moy, Leandre, ou luy de
vous.
MASCARILLE.
Pousse, pousse, bourreau, tu fais bien tes affaires.
LEANDRE.
Donc les coups de baston ne sont qu'imaginaires.
MASCARILLE.
Il ne sçait ce qu'il dit, sa memoire....

LEANDRE.
Non, non,
Tous ces signes pour toy ne disent rien de bon;
Oüy, d'un tour delicat mon esprit te soupçonne;
Mais, pour l'invention, va, je te le pardonne;
C'est bien assez, pour moy, qu'il m'a desabusé,
De voir par quels motifs tu m'avois imposé,

Et que m'eſtant commis à ton zele hipocrite,
A ſi bon compte encor je m'en ſois trouvé quitte:
Cecy doit s'appeller un advis au lecteur.
Adieu, Lelie, adieu tres-humble ſerviteur.

MASCARILLE.

Courage, mon garçon, tout heur nous accōpagne,
Mettōs flamberge au vent, & bravoure en cāpagne,
Faiſons l'*Olibrius*, l'*occiſeur d'innocens*.

MASCARILLE.

Il t'avoit accuſé de diſcours médiſans
Contre.....

MASCARILLE.

Et vous ne pouviez ſouffrir mon artifice ?
Luy laiſſer ſon erreur, qui vous rendoit ſervice,
Et par qui ſon amour s'en eſtoit preſque allé ?
Non, il a l'eſprit franc, & point diſſimulé:
Enfin, chez ſon rival je m'ancre avec adreſſe,
Cette fourbe en mes mains va mettre ſa maiſtreſſe,
Il me la fait manquer avec de faux rapports.
Ie veux de ſon rival allentir les tranſports;
Mon brave incontinent vient qui le deſabuſe,
I'ay beau luy faire ſigne, & montrer que c'eſt ruſe;
Point d'affaire, il pourſuit ſa pointe juſqu'au bout,
Et n'eſt point ſatisfait qu'il n'ait découvert tout ;
Grand & ſublime effort d'un imaginative
Qui ne le cede point à perſonne qui vive!
C'eſt une rare piece ! & digne ſur ma foy,
Qu'on en faſſe preſent au cabinet d'un Roy!

LELIE.

Ie ne m'eſtonne pas ſi je romps tes attentes ?
A moins d'eſtre informé des choſes que tu tentes,
I'en ferois encor cent de la ſorte ?

MASCARILLE.

Tant pis!

COMEDIE.

LELIE.
Au moins, pour t'emporter à de justes dépits,
Fay moy dans tes desseins entrer de quelque chose:
Mais que de leurs ressorts la porte me soit clause,
C'est ce qui fait toûjours que je suis pris sans vert.

MASCARILLE.
Ie crois que vous seriez un maistre d'Arme expert;
Vous sçavez à merveille en toutes advantures
Prendre les contretemps, & rompre les mesures.

LELIE.
Puisque la chose est faite, il n'y faut plus penser :
Mon rival en tout cas ne peut me traverser,
Et pourveu que tes soins en qui je me repose.....

MASCARILLE.
Laissons-là ce discours, & parlons d'autre chose,
Ie ne m'appaise pas, non, si facilement,
Ie suis trop en colere; il faut premierement
Me rendre un bon office, & nous verrons en suitte,
Si je dois de vos feux reprendre la conduitte.

LELIE.
S'il ne tient qu'à cela, je n'y resiste pas ;
As-tu besoin, dis-moy, de mon sang, de mes bras ?

MASCARILLE.
De quelle vision sa cervelle est frappée !
Vous estes de l'humeur de ces amis d'espée,
Que l'on trouve toûjours plus prompts à dégaisner,
Qu'à tirer un teston, s'il falloit le donner.

LELIE.
Que puis-je donc pour toy ?

MASCARILLE.
C'est que de vostre pere,
Il faut absolument appaiser la colere.

LELIE.
Nous ayons fait la paix.

MASCARILLE.

Oüy, mais non pas pour nous:
Ie l'ay fait ce matin mort pour l'amour de vous ;
La vision le choque, & de pareilles feintes
Aux vieillards, comme luy, sont de dures atteintes,
Qui sur l'estat prochain de leur condition,
Leur font faire à regret triste reflexion:
Le bon homme, tout vieux, cherit fort la lumiere,
Et ne veut point de jeu dessus cette matiere ;
Il craint le pronostic, & contre moy fasché,
On m'a dit qu'en justice il m'avoit recherché:
I'ay peur, si le logis du Roy fait ma demeure,
De m'y trouver si bien dés le premier quart d'heure,
Que j'aye peine aussi d'en sortir par apres :
Contre moy dés long-temps on a force decrets;
Car enfin, la vertu n'est jamais sans envie,
Et dans ce maudit siecle, est toûjours poursuivie,
Allez donc le fléchir.

LELIE.

Oüy, nous le fléchirons ;
Mais aussi tu promets......

MASCARILLE.

Ah ! mon Dieu, nous verrons.
Ma foy, prenons haleine apres tant de fatigues,
Cessós pour quelque téps le cours de nos intrigues,
Et de nous tourmenter de mesme qu'un lutin :
Leandre, pour nous nuire, est hors de garde enfin,
& Celie arrestée avecque l'artifice....

COMEDIE.

SCENE V.

ERGASTE, MASCARILLE.

ERGASTE.
IE te cherchois par tout pour te rédre un service,
Pour te donner advis d'un secret important.
MASCARILLE.
Quoy donc ?
ERGASTE.
N'avons-nous point icy quelque écoutant?
MASCARILLE.
Non.
ERGASTE.
Nous sommes amis autant qu'on le peut estre,
Ie sçay bien tes desseins, & l'amour de ton maistre,
Songez à vous tantost, Leandre fait party
Pour enlever Celie, & j'en suis adverty,
Qu'il a mis ordre à tout, & qu'il se persuade
D'entrer chez Trufaldin par une mascarade
Ayant sceu qu'en ce temps, assez souvent le soir,
Des femmes du quartier en masque l'alloient voir.
MASCARILLE.
Oüy ! suffit ; il n'est pas au comble de sa joye,
Ie pourray bien tantost luy souffler cette proye,
Et contre cét assaut je sçais un coup fourré,
Par qui je veux qu'il soit de luy-mesme enferré,
Il ne sçait pas les dons dont mon ame est pourveuë,
Adieu nous boirons pinte à la premiere veuë,

Il faut, il faut tirer à nous ce que d'heureux
Pourroit avoir en soy ce projet amoureux,
Et par une surprise adroite, & non commune,
Sans courir le danger en tenter la fortune:
Si je vais me masquer pour devancer ses pas,
Leandre asseurément ne nous bravera pas ;
Et là, premier que luy, si nous faisons la prise,
Il aura fait pour nous les frais de l'entreprise:
Puisque par son dessein déja presque évanté,
Le soupçon tombera toûjours de son costé,
Et que nous à couvert de toutes ses poursuites,
De ce coup hazardeux ne craindrôs point les suites;
C'est ne se point commettre à faire de l'éclat,
Et tirer les marrons de la patte du chat:
Allons dôc nous masquer avec quelques bôs freres,
Pour prévenir nos gens, il ne faut tarder gueres ;
Je sçais où gist le lievre, & me puis sans travail
Fournir en un moment d'hommes, & d'attirail;
Croyez que je mets bien mon adresse en usage,
Si j'ay receu du Ciel les fourbes en partage,
Je ne suis point au rang de ses esprits mal nez,
Qui cachent les talens que Dieu leur a donnez.

COMEDIE.

SCENE VI.

LELIE, ERGASTE.

LELIE.

Il pretend l'enlever avec sa mascarade?

ERGASTE.

Il n'est rien plus certain; quelqu'un de sa brigade,
M'ayant de ce dessein instruit, sans m'arrester,
A Mascarille lors j'ay couru tout conter,
Qui s'en va, m'a-t'il dit, rompre cette partie,
Par une invention dessus le champ bastie;
Et comme je vous ay rencontré par hazard,
J'ay crû que je devois de tout vous faire part.

LELIE.

Tu m'obliges par trop avec cette nouvelle :
Va, je reconnoistray ce service fidelle;
Mon drôle asseurément leur joüera quelque trait;
Mais je veux de ma part seconder son projet :
Il ne sera pas dit, qu'en un fait qui me touche,
Je ne me sois non plus remué qu'une souche;
Voicy l'heure, ils seront surpris à mon aspect,
Foin, que n'ay-je avec moy pris mon porte respect;
Mais, vienne qui voudra contre nostre personne,
J'ay deux bons pistolets, & mon espée est bonne.
Hola, quelqu'un, un mot.

SCENE VII.

LELIE, TRVFALDIN.

TRVFALDIN.
Qv'est-ce ? qui me vient voir ?

LELIE.
Fermez soigneusement vostre porte ce soir.

TRVFALDIN.
Pourquoy ?

LELIE.
Certaines gens font une mascarade,
Pour vous venir donner une fâcheuse aubade ;
Ils veulent enlever vostre Celie.

TRVFALDIN.
O, Dieux !

LELIE.
Et, sans doute bien-tost, ils viennent en ces lieux ;
Demeurez, vous pourrez voir tout de la fenestre :
Et bien ? qu'avois-je dit ? les voyez-vous paroistre ?
Chut, je veux à vos yeux leur en faire l'affront,
Nous allons voir beau jeu si la corde ne rompt.

COMEDIE.

SCENE VIII.

LELIE, TRVFALDIN,
MASCARILLE *masqué*.

TRVFALDIN.

O! Les plaisans robins qui pensent me surprendre!

LELIE.

Masques, où courez-vous? le pourroit-on apprédre?
Trufaldin, ouvrez-leur pour joüer un monson;
Bon Dieu! qu'elle est jolie! & qu'elle a l'air mignon!
Et quoy! vous murmurez ; mais, sans vous faire outrage,
Peut-on lever le masque, & voir vostre visage?

TRVFALDIN.

Allez, fourbes méchans, retirez-vous d'icy,
Canaille; & vous, Seigneur, bon soir, & grád mercy.

LELIE.

Mascarille, est-ce toy?

MASCARILLE.

Nenny da, c'est quelqu'autre.

LELIE.

Helas! quelle surprise! & quel sort est le nostre!
L'aurois-je deviné! n'estant point averty
Des secrettes raisons qui t'avoient travesty!
Mal-heureux que je suis, d'avoir dessous ce masque,
Esté sans y penser te faire cette frasque!

L'ESTOVRDY,

Il me prendroit envie, en ce juste courroux,
De me battre moy-mesme, & me donner cent coups.
MASCARILLE.
Adieu, sublime esprit ; rare imaginative.
LELIE.
Las ! si de ton secours ta colere me prive,
A quel Sainct me voüeray-je ?
MASCARILLE.
      Au grand diable d'Enfer.
LELIE.
Ah ! si ton cœur pour moy n'est de bronze, ou de fer,
Qu'encore un coup, du moins, mon imprudence
 ait grace,
S'il faut pour l'obtenir que tes genoux j'embrasse,
Voy moy....
MASCARILLE.
    Tarare, allons camarades, allons,
J'entends venir des gens qui sont sur nos talons.

SCENE IX.

LEANDRE *masqué, & sa suitte,*
TRVFALDIN.

LEANDRE.

Sans bruit, ne faisons rien que de la bonne sorte.

TRVFALDIN.

Quoy! masques toute nuict assiegeront ma porte?
Messieurs, ne gagnez point de rheumes à plaisir,
Tout cerveau qui le fait, est certes de loisir;
Il est un peu trop tard pour enlever Celie,
Dispensez-l'en ce soir, elle vous en supplie:
La belle est dans le lit, & ne peut vous parler;
J'en suis fasché pour vous: Mais, pous vous régaler
Du soucy qui pour elle icy vous inquiette,
Elle vous fait present de cette cassolette.

LEANDRE.

Fy, cela sent mauvais, & je suis tout gasté;
Nous sommes découverts, tirons de ce costé.

Fin du troisiéme Acte.

ACTE IV.

SCENE PREMIERE.

LELIE, MASCARILLE.

MASCARILLE.

Vovs voila fagoté d'une plaisante sorte.
LELIE.
Tu r'animes par là mon esperance morte.
MASCARILLE.
Tousiours de ma colere on me voit revenir;
I'ay beau jurer, pester, je ne m'en puis tenir.
LELIE.
Aussi, croy, si jamais je suis dans la puissance,
Que tu seras content de ma reconnoissance;
Et, que, quand je n'aurois qu'un seul morceau de pain...
MASCARILLE.
Baste, songez à vous, dans ce nouveau dessein;
Au moins, si l'on vous voit commettre une sottise,
Vous n'imputerez plus l'erreur à la surprise,
Vostre rôle en ce jeu par cœur doit estre sceu.
LELIE.
Mais comment Trufaldin chez luy t'a-t'il receu?
MAS.

COMÉDIE.

MASCARILLE.

D'un zele simulé j'ay bridé le bon sire ;
Avec empressement je suis venu luy dire,
S'il ne songeoit à luy, que l'on le surprendroit,
Que l'on couchoit en joüe, & de plus d'un endroit
Celle, dont il a veu, qu'une lettre en avance,
Avoit si faussement divulgué la naissance ;
Qu'on avoit bien voulu m'y mesler quelque peu ;
Mais que j'avois tiré mon épingle du jeu :
Et que, touché d'ardeur pour ce qui le regarde,
Ie venois l'avertir de se donner de garde.
De là, moralisant, j'ay fait de grands discours,
Sur les fourbes qu'on voit icy-bas tous les jours ;
Que, pour moy, las du monde, & de sa vie infame,
Ie voulois travailler au salut de mon ame ;
A m'esloigner du trouble, & pouvoir longuement,
Prés de quelque honneste hôme estre paisiblement :
Que s'il le trouvoit bon, je n'aurois d'autre envie,
Que de passer chez luy le reste de ma vie ;
Et que mesme à tel poinct il m'avoit sceu ravir,
Que sans luy demander gages pour le servir,
Ie mettrois en ses mains, que je tenois certaines,
Quelque bien de mon pere, & le fruit de mes peines ;
Dont, avenant que Dieu de ce monde m'ostast,
I'entendois tout de bon que luy seul heritast.
C'estoit le vray moyen d'acquerir sa tendresse,
Et, comme pour resoudre avec vostre maistresse,
Des biais qu'on doit prendre à terminer vos vœux,
Ie voulois en secret vous aboucher tous deux,
Luy-mesme a sceu m'ouvrir une voye assez belle,
De pouvoir hautement vous loger avec elle,
Venant m'entretenir d'un fils privé du jour,
Dont cette nuict en songe il a veu le retour :

L

A ce propos, voicy l'histoire qu'il m'a ditte,
Et sur qui j'ay tantost nostre fourbe construitte.
LELIE.
C'est assez, je sçais tout : tu me l'as dit deux fois.
MASCARILLE.
Oüy, oüy; mais quand j'aurois passé jusques à trois,
Peut-estre encor qu'avec toute sa suffisance,
Vostre esprit manquera dans quelque circonstance.
LELIE.
Mais à tant differer je me fais de l'effort.
MASCARILLE.
Ah! de peur de tomber, ne courons pas si fort.
Voyez-vous ? vous avez la caboche un peu dure :
Rendez-vous affermy dessus cette avanture.
Autrefois Trufaldin de Naples est sorty,
Et s'appelloit alors *Zanobio Ruberty*:
Vn party qui causa quelque émeute civile,
Dont il fut seulement soupçonné dans sa ville,
De fait, il n'est pas homme à troubler un Estat,
L'obligea d'en sortir une nuit sans éclat.
Vne fille fort jeune, & sa femme laissées,
A quelque temps de là se trouvant trespassées,
Il en eut la nouvelle, & dans ce grand ennuy,
Voulant dans quelque Ville emmener avec luy,
Outre ses biens, l'espoir qui restoit de sa race,
Vn sien fils Escolier, qui se nommoit Horace;
Il écrit à Bologne, où pour mieux estre instruit,
Vn certain maistre Albert jeune l'avoit conduit;
Mais pour se joindre tous, le rédez-vous qu'il déne,
Durant deux ans entiers, ne luy fit voir personne :
Si bien que les jugeant morts aprés ce temps-là,
Il vint en cette ville, & prit le nom qu'il a :
Sans que de cét Albert, ny de ce fils Horace,
Douze ans ayét découvert jamais la moindre trace.

COMEDIE.

Voila l'histoire en gros, redite seulement,
Afin de vous servir icy de fondement.
Maintenant, vous serez un Marchand d'Armenie,
Qui les aurez veu sains l'un & l'autre en Turquie.
Si j'ay plûtost qu'aucun, un tel moyen trouvé,
Pour les ressusciter sur ce qu'il a resvé;
C'est qu'en fait d'avanture, il est tres-ordinaire,
De voir gés pris sur mer par quelque Turc Corsaire,
Puis estre à leur famille à poinct nommé rendus,
Aprés quinze ou vingt ans qu'on les a crû perdus.
Pour moy, j'ay veu déja cent contes de la sorte.
Sans nous alambiquer, servôs nous en, qu'importe?
Vous leur aurez oüy leur disgrace conter ;
Et leur aurez fourny dequoy se racheter.
Mais que party plûtost, pour chose necessaire,
Horace vous chargea de voir icy son pere,
Dont il a sceu le sort, & chez qui vous devez
Attendre quelques jours qu'ils seroient arrivez ;
Je vous ay fait tantost des leçons estenduës.

LELIE.

Ces repetitions ne sont que superfluës.
Dés l'abord mon esprit a compris tout le fait.

MASCARILLE.

Je m'en vais là dedans donner le premier trait.

LELIE.

Escoute Mascarille, un seul poinct me chagrine ;
S'il alloit de son fils me demander la mine ?

MASCARILLE.

Belle difficulté ! devez-vous pas sçavoir
Qu'il estoit fort petit alors qu'il l'a pû voir :
Et puis, outre cela, le temps & l'esclavage,
Pourroient-ils pas avoir changé tout son visage ?

LELIE.

Il est vray ; mais dy moy, s'il connoît qu'il m'a veu

L ij

Que faire ?
MASCARILLE.
De memoire estes-vous depourveu ?
Nous avons dit tantost, qu'outre que vostre image
N'avoit dans son esprit pû faire qu'un passage,
Pour ne vous avoir veu que durant un moment,
Et le poil & l'habit déguisoient grandement.
LELIE.
Fort bien: mais, à propos, cét endroit de Turquie ?...
MASCARILLE.
Tout, vous dis-je, est égal, Turquie, ou Barbarie.
LELIE.
Mais, le nom de la Ville où j'auray pû les voir ?
MASCARILLE.
Thunis. Il me tiendra, je croy jusques au soir :
La repetition, dit-il, est inutile,
Et j'ay déja nommé douze fois cette ville.
LELIE.
Va, va-t'en commencer, il ne me faut plus rien.
MASCARILLE.
Au moins, soyez prudent, & vous conduisez bien;
Ne donnez point icy de l'imaginative.
LELIE.
Laisse moy gouverner : que ton ame est craintive !
MASCARILLE.
Horace dans Bologne Escolier ; Trufaldin
Zanobio Ruberty, dans Naples Citarlin ;
Le Precepteur Albert....
LELIE.
Ah ! c'est me faire honte,
Que de me tant prescher; suis-je un sot à ton conte ?
MASCARILLE.
Non pas du tout, mais bien quelque chose approchant.

COMEDIE.

LELIE seul.

Quand il m'est inutile, il fait le chien couchant :
Mais, parce qu'il sent bien le secours qu'il me done,
Sa familiarité jusques-là s'abandonne.
Ie vais estre de prés éclairé des beaux yeux,
Dont la force m'impose un joug si precieux ;
Ie m'en vais sans obstacle, avec des traits de flâme,
Peindre à cette beauté les tourmens de mon ame ;
Ie sçauray quel arrest je doy.... mais les voicy.

SCENE II.

TRVFALDIN, LELIE, MASCARILLE.

TRVFALDIN.

Sois beny, juste Ciel ! de mon sort adoucy.

MASCARILLE.

C'est à vous de réver, & de faire des songes,
Puis qu'en vous, il est faux, que songes sont mensonges.

TRVFALDIN.

Quelle grace, quels biens, vous rédray-je, Seigneur ?
Vous, que je dois nommer l'Ange de mon bon-heur.

LELIE.

Ce sont soins superflus, & je vous en dispense.

TRVFALDIN.

I'ay, je ne sçay pas où, vû quelque ressemblance
De cét Armenien.

L iij

L'ESTOVRDY,

MASCARILLE.
C'est ce que je disois;
Mais on voit des rapports admirables par fois.

TRVFALDIN.
Vous avez veu ce fils où mon espoir se fonde?

LELIE.
Oüy, Seigneur Trufaldin, le plus gaillard du monde.

TRVFALDIN.
Il vous a dit sa vie, & parlé fort de moy?

LELIE.
Plus de dix mille fois.

MASCARILLE.
Quelque peu moins, je croy.

LELIE.
Il vous a dépeint tel que je vous voy paroistre,
Le visage, le port....

TRVFALDIN.
Cela pourroit-il estre?
Si lors qu'il m'a pû voir il n'avoit que sept ans?
Et si son Precepteur, mesme depuis ce temps,
Auroit peine à pouvoir connoistre mon visage?

MASCARILLE.
Le sang, bien autrement, conserve cette image;
Par des traits si profonds, ce portrait est tracé,
Que mon pere.....

TRVFALDIN.
Suffit. Où l'avez-vous laissé?

LELIE.
En Turquie, à Thurin.

TRVFALDIN.
Thurin? mais cette Ville
Est, je pense, en Piedmont.

MASCARILLE.
O! cerveau mal-habile!

COMEDIE.

Vous ne l'entendez-pas, il veut dire Thunis,
Et c'est en effet là qu'il laissa vostre fils :
Mais les Armeniens ont tous par habitude,
Certain vice de langue à nous autres fort rude;
C'est que dans tous les mots, ils changent nis en rin,
Et pour dire Thunis, ils prononcent Thurin.

TRVFALDIN.

Il falloit, pour l'entendre, avoir cette lumiere.
Quel moyen, vous dit-il, de rencontrer son pere?

MASCARILLE.

Voyez s'il répondra. Ie repassois un peu
Quelque leçon d'escrime ; autrefois en ce jeu
Il n'estoit point d'adresse à mon adresse égale,
Et j'ay battu le fer en mainte & mainte salle.

TRVFALDIN.

Ce n'est pas maintenant ce que je veux sçavoir.
Quel autre nom, dit-il, que je devois avoir?

MASCARILLE.

Ah! Seigneur Zanobio Ruberty, quelle joye
Est celle maintenant que le Ciel vous envoye!

LELIE.

C'est là vostre vray nom, & l'autre est emprunté.

TRVFALDIN.

Mais, où vous a-t'il dit qu'il receut la clarté?

MASCARILLE.

Naples est un sejour qui paroist agreable ;
Mais, pour vous, ce doit estre un lieu fort haïssable.

TRVFALDIN.

Ne peux-tu sans parler, souffrir nostre discours?

LELIE.

Dans Naples son destin a commencé son cours.

TRVFALDIN.

Où l'envoyay-je jeune? & sous quelle conduite

L iiij

MASCARILLE.
Cé pauvre maiſtre Albert a beaucoup de merite,
D'avoir depuis Bologne accompagné ce fils,
Qu'à ſa diſcretion vos ſoins avoient commis.
TRVFALDIN.
Ah!
MASCARILLE bas.
Nous ſommes perdus, ſi cét entretien dure.
TRVFALDIN.
Ie voudrois bien ſçavoir de vous leur avanture;
Sur quel vaiſſeau le ſort qui m'a ſceu travailler....
MASCARILLE.
Ie ne ſçay ce que c'eſt, je ne fay que baailler;
Mais, Seigneur Trufaldin, ſongez-vous que peut-
 eſtre,
Ce Monſieur l'Eſtranger a beſoin de repaiſtre?
Et qu'il eſt tard auſſi?
LELIE.
Pour moy, point de repas.
MASCARILLE.
Ah! vous avez plus faim que vous ne penſez-pas.
TRVFALDIN.
Entrez donc.
LELIE.
Aprés vous.
MASCARILLE.
Monſieur, en Armenie,
Les maiſtres du logis ſont ſans ceremonie.
Pauvre eſprit! pas deux mots!
LELIE.
D'abord il m'a ſurpris;
Mais n'apprehendez plus, je reprends mes eſprits,
Et m'en vais debiter avecque hardieſſe....

MASCARILLE.

Voicy nostre rival qui ne sçait pas la piece.

SCENE III.

LEANDRE, ANSELME.

ANSELME.

Arrestez-vous, Leandre, & souffrez un discours,
Qui cherche le repos & l'hôneur de vos jours:
Ie ne vous parle point en pere de ma fille,
En homme interessé pour ma propre famille;
Mais comme vostre pere émû pour vostre bien,
Sans vouloir vous flatter, & vous déguiser rien;
Bref, côme je voudrois, d'une ame franche & pure,
Que l'on fist à mon sang, en pareille avanture.
Sçavez-vous de quel œil chacun voit cét amour,
Qui dedans une nuit vient d'éclater au jour ?
A combien de discours, & de traits de risée,
Vostre entreprise d'hier est par tout exposée ?
Quel jugement on fait du choix capricieux,
Qui pour femme, dit-on, vous designe en ces lieux?
Vn rebut de l'Egypte, une fille coureuse
De qui le noble employ, n'est qu'un mestier de
    gueuse ?
I'en ay rougy pour vous, encor plus que pour moy,
Qui me trouve compris dans l'éclat que je voy,
Moy, dis-je, dont la fille à vos ardeurs promise,
Ne peut sans quelque affront souffrir qu'on la mé-
    prise.

L v

Ah! Leandre, sortez de cét abaissement :
Ouvrez un peu les yeux sur vostre aveuglement,
Si nostre esprit n'est pas sage à toutes les heures,
Les plus courtes erreurs sont toûjours les meilleu-
  res.
Quand on ne prend en dot que la seule beauté,
Le remords est bien prés de la solemnité,
Et la plus belle femme a tres-peu de deffence,
Contre cette tiedeur qui suit la joüissance :
Ie vous le dis encor, ces boüillans mouvemens,
Ces ardeurs de jeunesse, & ces emportemens,
Nous font trouver d'abord quelques nuits agrea-
  bles :
Mais ces felicitez ne sont gueres durables,
Et nostre passion allentissant son cours,
Aprés ces bonnes nuits donnent de mauvais jours.
De là viennent les soins, les soucis, les miseres,
Les fils des-heritez par le courroux des peres.
LEANDRE.
Dans tout vostre discours, je n'ay rien écouté,
Que mon esprit déja ne m'ait representé,
Ie sçay combien je dois, à cét honneur insigne,
Que vous me voulez faire, & dont je suis indigne :
Et vois, malgré l'effort dont je suis combattu,
Ce que vaut vostre fille, & quelle est sa vertu :
Aussi veux-je tascher....
ANSELME.
On ouvre cette porte,
Retirons-nous plus loin, de crainte qu'il n'en sorte
Quelque secret poison dont vous seriez surpris,

SCENE IV.

LELIE, MASCARILLE.

MASCARILLE.

Bien-tost de nostre fourbe on verra le debris,
Si vous continuez des sottises si grandes.
LELIE.
Dois-je eternellement oüyr tes reprimandes ?
Dequoy te peux-tu plaindre ? ay-je pas reüssi
En tout ce que j'ay dit depuis....
MASCARILLE.
      Coussi, coussi:
Témoin les Turcs par vous appellez heretiques,
Et que vous asseurez, par sermens authentiques,
Adorer pour leurs Dieux la Lune, & le Soleil.
Passe : ce qui me donne un dépit nompareil,
C'est qu'icy vostre amour étrangement s'oublie
Prés de Celie, il est ainsi que la boüillie,
Qui par un trop grand feu, s'enfle, croit jusqu'au
  bords,
Et de tous les costez se répand au dehors.
LELIE.
Pourroit-on se forcer à plus de retenuë !
Ie ne l'ay presque point encore entretenuë.
MASCARILLE.
Oüy, mais ce n'est pas tout que de ne parler pas,
Par vos gestes, durant un moment de repas,

L vj

Vous avez aux soupçons donné plus de matiere,
Que d'autres ne feroient dans une année entiere.
LELIE.
Et comment donc ?
MASCARILLE.
Comment ? chacun a pû le voir.
A table, où Trufaldin l'oblige de se seoir,
Vous n'avez toûjours fait qu'avoir les yeux sur elle,
Rouge, tout interdit, joüant de la prunelle,
Sans prendre jamais garde à ce qu'on vous servoit,
Vous n'aviez point de soif qu'alors qu'elle beuvoit;
Et dans ses propres mains vous saisissant du verre,
Sans le vouloir rinser, sans rien jetter à terre,
Vous beuviez sur son reste, & montriez d'affecter
Le costé qu'à sa bouche elle avoit sceu porter.
Sur les morceaux touchez de sa main delicate,
Ou mordus de ses dents, vous estendiez la patte
Plus brusquement qu'un chat dessus une souris,
Et les avaliez tout ainsi que des pois gris.
Puis, outre tout cela, vous faisiez sous la table,
Vn bruit, un triquetrac de pieds insuportable;
Dont Trufaldin heurté de deux coups trop pressés,
A puny par deux fois, deux chiens tres-innocens,
Qui, s'ils eussent osé, vous eussent fait querelle :
Et, puis aprés cela vostre conduitte est belle ?
Pour moy, j'en ay souffert la gesne sur mon corps;
Malgré le froid, je suë encor de mes efforts ;
Attaché dessus vous, comme un joüeur de boule,
Aprés le mouvement de la sienne qui roule,
Ie pensois retenir toutes vos actions,
En faisant de mon corps mille contorsions.
LELIE.
Mon Dieu! qu'il t'est aisé de condamner des choses,
Donc tu ne ressens point les agreables causes !

COMEDIE.

Ie veux bien neantmoins, pour te plaire une fois,
Faire force à l'amour qui m'impose des loix :
Deformais...

SCENE V.

LELIE, MASCARILLE, TRVFALDIN.

MASCARILLE.

Nous parlions des fortunes d'Horace.
TRVFALDIN.
C'est bien fait. Cependant me ferez-vous la grace
Que je puisse luy dire un seul mot en secret ?
LELIE.
Il faudroit autrement estre fort indiscret.
TRVFALDIN.
Escoute, sçais-tu bien ce que je viens de faire ?
MASCARILLE.
Non : mais si vous voulez je ne tarderay guere,
Sans doute, à le sçavoir.
TRVFALDIN.
D'un chesne grand & fort,
Dont prés de deux cent ans ont fait déja le sort,
Ie viens de détacher une branche admirable,
Choisie expressément, de grosseur raisonnable,
Dont j'ay fait sur le chãp avec beaucoup d'ardeur,
Vn baston à peu prés.... ouy, de cette grandeur,

Moins gros par l'un des bouts; mais plus que trente
    gaules,
Propre, comme je pense, à rosser les épaules :
Car il est bien en main, vert, noüeux & massif.
MASCARILLE.
Mais, pour qui, je vous prie, un tel preparatif ?
TRUFALDIN.
Pour toy premierement, puis pour ce bon Apostre,
Qui veut m'en donner d'une, & m'en joüer d'une au-
Pour cét Armenien, ce Marchand déguisé, (tre;
Introduit sous l'appas d'un conte supposé.
MASCARILLE.
Quoy ? vous ne croyez pas ?.....
TRUFALDIN.
                Ne cherche point d'excuse,
Luy-mesme heureusement a découvert sa ruse,
Et disant à Celie, en luy serrant la main,
Que pour elle il venoit sous ce pretexte vain :
Il n'a pas aperceu Jeannette ma fillole,
Laquelle a tout oüy parole pour parole ;
Et je ne doute point, quoy qu'il n'en ait rien dit,
Que tu ne sois de tout le complice maudit.
MASCARILLE.
Ah ! vous me faites tort ! s'il faut qu'on vous affrôte,
Croyez qu'il m'a trompé le premier à ce conte.
TRUFALDIN.
Veux-tu me faire voir que tu dis verité ?
Qu'à le chasser mon bras soit du tien assisté ;
Donnons-en à ce fourbe, & du long, & du large,
Et de tout crime aprés mon esprit te décharge.
MASCARILLE.
Oüy-da, tres-volontiers, je l'époufteray bien,
Et par là vous verrez que je n'y trempe en rien.
Ah ! vous serez rossé, monsieur de l'Armenie,
Qui toûjours gastez tout.

SCENE VI.

LELIE, TRVFALDIN, MASCARILLE.

TRVFALDIN.

VN mot, je vous supplie.
Donc, monsieur l'imposteur, vous osez aujourd'huy
Dupper un honneste homme, & vous joüer de luy ?
MASCARILLE.
Feindre avoir veu son fils en une autre contrée !
Pour vous donner chez luy plus ayſément entrée.
TRVFALDIN.
Vuidons, vuidons sur l'heure.
LELIE.
Ah coquin !
MASCARILLE.
C'est ainſi
Que les fourbes.....
LELIE.
Bourreau !
MASCARILLE.
Sont ajuſtez icy,
Garde moy bien cela.
LELIE.
Quoy donc ? je ſerois homme.....
MASCARILLE.
Tirez, tirez, vous dis-je, ou bien je vous aſſomme.

L'ESTOVRDY,

TRVFALDIN.
Voila qui me plaist fort ; rentre, je suis content.
LELIE.
A moy ! par un valet cét affront éclattant !
L'auroit-on pû prévoir l'action de ce traistre !
Qui vient insolemment de mal-traiter son maistre.
MASCARILLE.
Peut-on vous demander comme va vostre dos ?
LELIE.
Quoy ? tu m'oses encor tenir un tel propos.
MASCARILLE.
Voila, voila que c'est, de ne voir pas Ieannette,
Et d'avoir en tout temps une langue indiscrette ;
Mais pour cette fois-cy, je n'ay point de courroux,
Ie cesse d'éclater, de pester contre vous ;
Quoy que de l'action l'imprudence soit haute,
Ma main sur vostre eschine a lavé vostre faute.
LELIE.
Ah ! je me vengeray de ce trait déloyal.
MASCARILLE.
Vous vous estes causé vous-mesme tout le mal.
LELIE.
Moy !
MASCARILLE.
Si vous n'estiez pas une cervelle folle,
Quand vous avez parlé n'aguere à vostre idole,
Vous auriez aperceu Ieannette sur vos pas,
Dont l'oreille subtile a découvert le cas.
LELIE.
On auroit pû surprendre un mot dit à Celie !
MASCARILLE.
Et d'où doncques viendroit cette prompte sortie ?
Oüy, vous n'estes dehors que par vostre caquet,
Ie ne sçay si souvent vous joüez au piquet ;

COMEDIE.

Mais, au moins, faites-vous des écarts admirables,

LELIE.

O! le plus mal-heureux de tous les miserables!
Mais encore, pourquoy me voir chassé par toy?

MASCARILLE.

Ie ne fis jamais mieux que d'en prendre l'employ?
Par là, j'empesche au moins que de cét artifice,
Ie ne sois soupçonné d'estre autheur, ou complice.

LELIE.

Tu devois donc, pour toy, frapper plus doucement.

MASCARILLE.

Quelque sot, Trufaldin lorgnoit exactement.
Et puis je vous diray, sous ce pretexte utile,
Ie n'estois point fasché d'évaporer ma bile:
Enfin la chose est faite, & si j'ay vostre foy,
Qu'on ne vous verra point vouloir venger sur moy,
Soit, ou directement, ou par quelqu'autre voye,
Les coups sur vostre rable assenez avec joye,
Ie vous promets aidé par le poste où je suis,
De contenter vos vœux avant qu'il soit deux nuits.

LELIE.

Quoy que ton traitement ait eu trop de rudesse,
Qu'est-ce que dessus moy ne peut cette promesse?

MASCARILLE.

Vous le promettez-donc?

LELIE.

Oüy, je te le promets.

MASCARILLE.

Ce n'est pas encor tout, promettez que jamais
Vous ne vous mélerez dans quoy que j'entreprenne

LELIE.

Soit.

MASCARILLE.
Si vous y manquez, voſtre fievre quartaine.
LELIE.
Mais tiens moy donc parole, & ſonge à mon repos.
MASCARILLE.
Allez quitter l'habit? & graiſſer voſtre dos.
LELIE.
Faut-il que le mal-heur qui me ſuit à la trace,
Me faſſe voir toûjours diſgrace ſur diſgrace?
MASCARILLE.
Quoy! vous n'eſtes pas loin! ſortez viſte d'icy;
Mais, ſur tout, gardez-vous de prédre aucun ſoucy
Puis que je fais pour vous, que cela vous ſuffiſe;
N'aydez point mõ projet de la moindre entrepriſe.
Demeurez en repos.
LELIE.
Oüy, va, je m'y tiendray.
MASCARILLE.
Il faut voir maintenant quel biais j'y prendray.

COMEDIE.

SCENE VII.

ERGASTE, MASCARILLE.

ERGASTE.

Mascarille, je viens te dire une nouvelle,
Qui donne à tes desseins une atteinte cruelle;
A l'heure que je parle, un jeune Egyptien,
Qui n'est pas noir pourtant, & sent assez son bien,
Arrive accompagné d'une vieille fort have,
Et vient chez Trufaldin rachetter cette esclave
Que vous vouliez. Pour elle, il paroist fort zelé.

MASCARILLE.

Sans doute, c'est l'amant dont Celie a parlé.
Fut-il jamais destin plus broüillé que le nostre!
Sortant d'un embarras, nous entrons dans un autre.
En vain nous apprenons que Leandre est au poinct
De quitter la partie, & ne nous troubler point;
Que son pere arrivé contre toute esperance,
Du costé d'Hypolite emporte la balance;
Qu'il a tout fait changer par son authorité,
Et va dés aujourd'huy conclurre le traité;
Lors qu'un rival s'éloigne, un autre plus funeste
S'en vient nous enlever tout l'espoir qui nous reste:
Toutesfois, par un trait merveilleux de mon art,
Ie croy que je pourray retarder leur départ,
Et me donner le temps qui sera necessaire,
Pour tâcher de finir cette fameuse affaire.
Il s'est fait un grand vol, par qui, l'on n'en sçait rien;
Eux autres rarement passent pour gens de bien:

Ie veux adroitement sur un soupçon frivole,
Faire pour quelques jours emprisonner ce drole:
Ie sçay des Officiers de justice alterez,
Qui sont pour de tels coups de vrais deliberez:
Dessus l'avide espoir de quelque paraguante,
Il n'est rien que leur art aveuglement ne tente,
Et du plus innocent, toûjours à leur profit
La bource est criminelle, & paye son delit.

Fin du quatriéme Acte.

ACTE V.

SCENE PREMIERE.

MASCARILLE, ERGASTE.

MASCARILLE.

AH chien! ah double chien! mâtine de cervelle,
Ta persecution sera-t'elle eternelle?
ERGASTE.
Par les soins vigilans de l'Exempt balafré,
Ton affaire alloit bien, le drôle estoit cofré,
Si ton Maistre au moment ne fut venu luy-mesme,
En vray desesperé rompre ton stratagesme:
Je ne sçaurois souffrir, a-t'il dit hautement,
Qu'un honneste homme soit traisné honteusement;
J'en répons sur sa mine, & je la cautionne:
Et comme on resistoit à lâcher sa personne,
D'abord il a chargé si bien sur le recors, (corps,
Qui sont gens d'ordinaire à craindre pour leurs
Qu'à l'heure que je parle ils sont encore en fuite,
Et pensent tous avoir un Lelie à leur suite.
MASCARILLE.
Le traistre ne sçait pas que cét Egyptien,
Est déja là dedans pour luy ravir son bien.

ERGASTE.
Adieu, certaine affaire à te quitter m'oblige.
MASCARILLE.
Oüy, je suis stupefait de ce dernier prodige;
On diroit, & pour moy, j'en suis persuadé,
Que ce demon broüillon, dont il est possedé,
Se plaise à me braver, & me l'aille conduire,
Par tout où sa presence est capable de nuire.
Pourtant, je veux poursuivre, & malgré tous ces
      coups,
Voir qui l'emportera de ce diable, ou de nous :
Celie est quelque peu de nostre intelligence,
Et ne voit son départ qu'avecque repugnance;
Ie tasche à profiter de cette occasion :
Mais ils viennent; songeons à l'execution.
Cette maison meublée est en ma bien-seance,
Ie puis en disposer avec grande licence;
Si le sort nous en dit, tout sera bien reglé,
Nul que moy ne s'y tient, & j'en garde la clé.
O! Dieu, qu'en peu de temps on a vû d'avantures!
Et qu'un fourbe est contraint de prendre de figures!

COMEDIE.

SCENE II.

CELIE, ANDRES.

ANDRES.

Vous le sçavez, Celie il n'est rien que mon cœur
N'ait fait, pour vous prouver l'excez de son (ardeur;
Chez les Venitiens, dés un assez jeune âge,
La guerre en quelque estime avoit mis mō courage,
Et j'y pouvois un jour, sans trop croire de moy,
Pretendre en les servant, un honorable employ :
Lors qu'on me vit pour vous oublier toute chose,
Et que le prompt effet d'une metamorphose,
Qui suivit de mon cœur le soudain changement,
Parmy vos compagnōs, sceut ranger vostre Amant,
Sans que mille accidens, ny vostre indifference,
Ayent pû me détacher de ma perseverance :
Depuis, par un hazard, d'avec vous separé,
Pour beaucoup plus de temps que je n'eusse auguré,
Je n'ay pour vous rejoindre épargné tēps ny peine:
Enfin, ayant trouvé la vieille Egyptienne,
Et plein d'impatience, apprenant vostre sort,
Que pour certain argent qui leur importoit fort,
Et qui de tous vos gens détourna le naufrage,
Vous aviez en ces lieux esté mise en ostage:
J'accours vitte y briser ces chaînes d'interests,
Et recevoir de vous les ordres qu'il vous plaist :
Cependant on vous voit une morne tristesse,
Alors que dans vos yeux doit briller l'allegresse;

Si pour vous la retraitte avoit quelques appas,
Venise, du butin fait parmy les combats,
Me garde pour tous deux, dequoy pouvoir y vivre.
Que si, comme devant, il vous faut encore suivre,
I'y consens, & mon cœur n'ambitionnera
Que d'estre auprés de vous tout ce qu'il vous plaira.

CELIE.

Vostre zele, pour moy, visiblement éclate,
Pour en paroistre triste, il faudroit estre ingrate ;
Et mon visage aussi par son émotion,
N'explique point mon cœur en cette occasion :
Vne douleur de teste y peint sa violence,
Et, si j'avois sur vous quelque peu de puissance,
Nostre voyage, au moins, pour trois ou quatre
  jours,
Attendroit que ce mal eust pris un autre cours.

ANDRES.

Autant que vous voudrez, faites qu'il se differe,
Toutes mes volontez ne buttent qu'à vous plaire;
Cherchons une maison à vous mettre en repos,
L'escriteau que voicy s'offre tout à propos.

SCENE

COMEDIE. 263

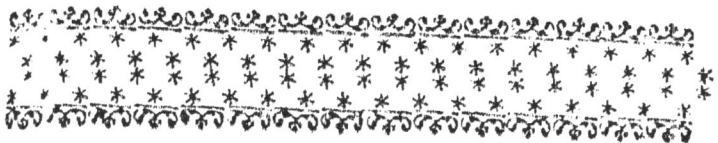

SCENE III.

MASCARILLE, CELIE, ANDRES.

ANDRES.

SEigneur Suisse, estes-vous de ce logis le maistre?
MASCARILLE.
Moy, pour serfir à fous.
ANDRES.
Pourrons-nous y bien estre?
MASCARILLE.
Oüy, moy pour d'estrancher chappon champre garny;
Mais ché non point locher te gent te meschant vy.
ANDRES.
Ie croy vostre maison franche de tout ombrage.
MASCARILLE.
Fous nouviau dant sti fil, moy foir à la fissage.
ANDRES.
Oüy.
MASCARILLE.
La matame est-il mariage al Montsieur?
ANDRES.
Quoy?

M

MASCARILLE.
S'il estre son fame, ou s'il estre son sœur,
ANDRES.
Non.
MASCARILLE.
Mon foy, pien choly : finir pour marchandisse,
Ou pien pour temanter à la palais choustice ?
La procez il fault rien, il couster tant tarchant,
La procurair larron, la focat pien meschant.
ANDRES.
Ce n'est pas pour cela.
MASCARILLE.
Fous tonc mener sti file,
Pour senir pourmener, & recarter la file ?
ANDRES.
Il n'importe ; Ie suis à vous dans un moment,
Ie vay faire venir la vieille promptement,
Contremander aussi nostre voiture preste.
MASCARILLE.
Ly ne porte pas pien ?
ANDRES.
Elle a mal à la teste.
MASCARILLE.
Moy, chavoir de pon sin, & de fromage pon ;
Entre fous, entre fous, dans mon petit maisson.

COMEDIE.

SCENE IV.

LELIE, ANDRES.

LELIE.

Qvel que soit le transport d'une ame impatiente,
Ma parole m'engage à rester en attente ;
A laisser faire un autre, & voir sans rien oser,
Comme de mes destins le Ciel veut disposer.
Demandiez-vous quelqu'un dedans cette demeure?

ANDRES.

C'est un logis garny que j'ay pris tout à l'heure.

LELIE.

A mon pere pourtant la maison appartient,
Et mon valet la nuit, pour la garder s'y tient.

ANDRES.

Je ne sçay, l'escriteau marque au moins qu'on la (loüe.
Lisez.

LELIE.

Certes, cecy me surprend, je l'avouë ;
Qui diantre l'auroit mis ? & par quel interest ?....
Ah ! ma foy, je devine à peu prés ce que c'est :
Cela ne peut venir que de ce que j'augure.

ANDRES.

Peut-on vous demander quelle est cette avanture?

M ij

LELIE.

Ie voudrois à tout autre en faire un grand secret;
Mais, pour vous, il n'importe, & vous serez discrets;
Sans doute, l'escriteau que vous voyez paroistre,
Comme je conjecture, au moins ne sçauroit estre,
Que quelque invention du valet que je dy,
Que quelque nœud subtil qu'il doit avoir ourdy,
Pour mettre en mon pouvoir certaine Egyptienne,
Donc j'ay l'ame piquée, & qu'il faut que j'obtienne:
Ie l'ay déja manqué, & mesme plusieurs coups.

ANDRES.

Vous l'appellez?

LELIE.

Celie.

ANDRES.

Hé! que ne disiez-vous!
Vous n'aviez qu'à parler; je vous aurois sans doute,
Espargné tous les soins que ce projet vous couste.

LELIE.

Quoy? vous la connoissez?

ANDRES.

C'est moy, qui maintenant
Viens de la racheter.

LELIE.

O! discours surprenant!

ANDRES.

Sa santé de partir ne nous pouvant permettre,
Au logis que voila je venois de la mettre;
Et je suis tres-ravy dans cette occasion,
Que vous m'ayez instruit de vostre intention.

LELIE.

Quoy? j'obtiendrois de vous le bon-heur que j'espere?
Vous pourriez?....

ANDRES.

Tout à l'heure on va vous satisfaire.

LELIE.

Que pourray-je vous dire? & quel remerciment?.....

ANDRES.

Non, ne m'en faites point, je n'en veux nullement.

SCENE V.

MASCARILLE, LELIE, ANDRES.

MASCARILLE.

ET bien! ne voila pas mon enragé de Maistre!
Il nous va faire encore quelque nouveau bis-
   sestre.

LELIE.

Sous ce crotesque habit, qui l'auroit reconnu?
Approche, Mascarille, & sois le bien venu.

MASCARILLE.

Moy souis cin chant honneur, moy non point
   Maquerille,
Chay point sentre chamais le fame ny le fille.

LELIE.

Le plaisant baragoüin! il est bon, sur ma foy.

MASCARILLE.

Alle fous pourmener, sans toy rire te moy.

LELIE.

Va, va, leve le masque, & reconnoy ton Maistre.

MASCARILLE.

Partieu, tiaple, mon foy jamais toy chay connoistre.

LELIE.

Tout est accommodé, ne te déguise point.

MASCARILLE.

Si toy point en aller, chay paille cin cou te point.

LELIE.

Ton jargon Allemand est superflu, te dis-je;
Car nous sommes d'accord, & sa bonté m'oblige;
I'ay tout ce que mes vœux luy pouvoient demāder,
Et tu n'as pas sujet de rien apprehender.

MASCARILLE.

Si vous estes d'accord par un bon-heur extrême,
Ie me dessuisse donc, & redeviens moy-mesme.

ANDRES.

Ce valet vous servoit avec beaucoup de feu;
Mais je reviens à vous, demeurez quelque peu.

COMEDIE.

LELIE.
Et bien, que diras-tu?

MASCARILLE.
Que j'ay l'ame ravie,
De voir d'un beau succez nostre peine suivie.

LELIE.
Tu feignois à fortir de ton déguisement?
Et ne pouvois me croire en cét évenement.

MASCARILLE.
Comme je vous connois, j'estois dans l'épouvante:
Et trouve l'avanture aussi fort surprenante.

LELIE.
Mais, confesse qu'enfin, c'est avoir fait beaucoup;
Au moins, j'ay reparé mes fautes à ce coup,
Et j'auray cét honneur d'avoir finy l'ouvrage.

MASCARILLE.
Soit, vous aurez esté bien plus heureux que sage.

SCENE VI.

CELIE, MASCARILLE, LELIE, ANDRES.

ANDRES.
N'Eſt-ce pas là l'objet dont vous m'avez parlé?
LELIE.
Ah! quel bon-heur au mien pourroit eſtre égalé!
ANDRES.
Il eſt vray, d'un bien fait je vous ſuis redevable,
Si je ne l'avoüois, je ſerois condamnable :
Mais enfin, ce bien-fait auroit trop de rigueur,
S'il falloit le payer aux dépens de mon cœur ;
Iugez donc le tranſport où ſa beauté me jette,
Si je dois à ce prix vous acquiter ma dette ;
Vous eſtes genereux, vous ne le voudriez pas,
Adieu pour quelques jours, retournons ſur nos pas.
MASCARILLE.
Ie ris, & toutefois je n'en ay guere envie,
Vous voila bien d'accord, il vous donne Celie.
Et...... Vous m'entendez bien.
LELIE.
                C'eſt trop, je ne veux plus
Te demander pour moy de ſecours ſuperflus ;

COMEDIE.

Ie suis un chien, un traistre, un bourreau detestable,
Indigne d'aucun soin, de rien faire incapable.
Va, cesse tes efforts pour un malencontreux,
Qui ne sçauroit souffrir que l'on le rende heureux !
Aprés tant de mal-heurs, aprés mon imprudence,
Le trespas me doit seul prester son assistance.

MASCARILLE.

Voila le vray moyen d'achever son destin ;
Il ne luy manque plus que de mourir enfin,
Pour le couronnement de toutes ses sottises ;
Mais en vain son dépit pour ses fautes commises,
Luy fait licencier mes soins & mon appuy ;
Ie veux, quoy qu'il en soit, le servir malgré luy,
Et dessus son lutin obtenir la victoire :
Plus l'obstacle est puissant, plus on reçoit de gloire,
Et les difficultez dont on est combattu,
Sont les dames d'atour qui parent la vertu.

SCENE VII.

MASCARILLE, CELIE.

CELIE.

Qvoy que tu vueilles dire, & que l'on se propose,
De ce retardement j'attens fort peu de chose;
Ce qu'on voit de succez peut bien persuader,
Qu'ils ne sont pas encor fort prés de s'accorder,
Et je t'ay déja dit qu'un cœur comme le nostre,
Ne voudroit pas pour l'un faire injustice à l'autre,
Et que tres-fortement, par de differents nœuds,
Ie me trouve attachée au party de tous deux :
Si Lelie a pour luy l'amour & sa puissance,
Andres pour son partage a la reconnoissance,
Qui ne souffrira point que mes pensers secrets,
Consultent jamais rien contre ses interests :
Oüy, s'il ne peut avoir plus de place en mon ame,
Si le don de mon cœur ne couronne sa flâme,
Au moins, dois-je ce prix à ce qu'il fait pour moy,
De n'en choisir point d'autre au mépris de sa foy,
Et de faire à mes vœux autant de violence,
Que j'en fais aux desirs qu'il met en évidence :
Sur ces difficultez qu'oppose mon devoir,
Iuge ce que tu peux te permettre d'espoir.

MASCARILLE.

Ce sont, à dire vray, de tres-fâcheux obstacles,
Et je ne sçay point l'art de faire des miracles :

Mais ie vais employer mes efforts plus puissans,
Remuer terre & Ciel, m'y prendre de tout sens,
Pour tascher de trouver un biais salutaire;
Et vous diray bien-tost ce qui se pourra faire.

SCENE VIII.
CELIE, HYPOLITE.
HYPOLITE.

Depuis vostre sejour, les Dames de ces lieux,
Se plaignét justemét des larcins de vos yeux ;
Si vous leur dérobez leurs conquestes plus belles,
Et de tous leurs Amans faites des infidelles.
Il n'est guere de cœurs qui puissent échapper
Aux traits, dont à l'abord vous sçavez les frapper ;
Et mille libertez à vos chaînes offertes,
Semblent vous enrichir chaque jour de nos pertes ?
Quant à moy, toutesfois je ne me plaindrois pas,
Du pouvoir absolu de vos rares appas ;
Si lors que mes Amans sont devenus les vostres,
Vn seul m'eust consolé de la perte des autres :
Mais qu'inhumainement vous me les ostiez tous,
C'est un dur procedé, dont je me plains à vous.
LELIE.
Voila d'un air galant faire une raillerie ;
Mais, épargnez un peu celle qui vous en prie :
Vos yeux, vos propres yeux, se cônoissent trop bié,
Pour pouvoir de ma part redouter jamais rien ;
Ils sont fort asseurez du pouvoir de leurs charmes,
Et ne prendront jamais de pareilles allarmes.

M vj

HYPOLITE.

Pourtant, en ce discours je n'ay rien avancé,
Qui dans tous les esprits ne soit déja passé ;
Et, sans parler du reste, on sçait bien que Celie
A causé des desirs à Leandre & Lelie.

CELIE.

Ie croy, qu'estant tombez dans cét aveuglement,
Vous vous consoleriez de leur perte aisément,
Et trouveriez pour vous l'amant peu souhaitable,
Qui d'un si mauvais choix se trouveroit capable.

HYPOLITE.

Au contraire, j'agis d'un air tout different,
Et trouve en vos beautez un merite si grand ;
I'y voy tant de raisons capables de deffendre
L'inconstance de ceux qui s'en laissent surprendre ;
Que je ne puis blâmer la nouveauté des feux,
Dont envers moy Leandre a parjuré ses vœux ;
Et la vay voir tantost, sans haine & sans colere,
Ramené sous mes loix par le pouvoir d'un pere.

SCENE IX.

MASCARILLE, CELIE, HYPOLITE.

MASCARILLE.

Grande! grande nouvelle, & succez surprenant!
Que ma bouche vous vient annoncer mainte-
    nant.

CELIE.

Qu'est-ce donc?

MASCARILLE.

Escoutez, voicy sans flatterie...

CELIE.

Quoy?

MASCARILLE.

La fin d'une vraye & pure Comedie;
La vieille Egyptienne à l'heure mesme....

CELIE.

Et bien?

MASCARILLE.

Passoit dedans la place, & ne songeoit à rien,
Alors qu'une autre vieille assez défigurée,
L'ayant de prés, au nez, long-temps considerée,
Par un bruit enroüé de mots injurieux,
A donné le signal d'un combat furieux :   (fléches,
Qui pour armes, pourtant, mousquets, dagues, ou
Ne faisoit voir en l'air que quatre griffes seches;

Dont ces deux combattans s'efforçoient d'arracher,
Ce peu que sur leurs os les ans laissent de chair :
On n'entend que ces mots, chienne, louve, bagace,
D'abord leurs scoffions ont volé par la place,
Et laissant voir à nud deux testes sans cheveux,
Ont rendu le combat risiblement affreux.
Andres, & Trufaldin, à l'éclat du murmure,
Ainsi que force monde, accourus d'avanture,
Ont à les décharpir, eu de la peine assez,
Tant leurs esprits estoient par la fureur poussez;
Cependant que chacune aprés cette tempeste,
Songe à cacher aux yeux la honte de sa teste,
Et que l'on veut sçavoir qui causoit cette humeur,
Celle qui la premiere avoit fait la rumeur,
Malgré la passion dont elle estoit émeuë,
Ayant sur Trufaldin tenu long-temps la veuë;
C'est vous, si quelque erreur n'abuse icy mes yeux,
Qu'on m'a dit qui vivez inconnû dans ces lieux,
A-t'elle dit tout haut, ô! rencontre opportune!
Oüy, Seigneur Zanobio Ruberty, la fortune
Me fait vous reconnoistre, & dans le mesme instant,
Que pour vostre interest je me tourmentois tant :
Lors que Naples vous vit quitter vostre famille,
I'avois, vous le sçavez, en mes mains vostre fille,
Dont j'élevois l'enfance, & qui par mille traits,
Faisoit voir dés quatre ans sa grace & ses attraits;
Celle que vous voyez, cette infame sorciere,
Dedans nostre maison se rendant familiere,
Me vôla ce thresor. Helas! de ce malheur
Vostre femme, je croy, conceut tant de douleur,
Que cela servit fort pour avancer sa vie :
Si bien qu'entre mes mains cette fille ravie,
Me faisant redouter un reproche fâcheux,
Ie vous fis annoncer la mort de toutes deux ;

COMEDIE.

Mais il faut maintenant, puisque je l'ay connuë,
Qu'elle fasse sçavoir ce qu'elle est devenuë ;
Au nom de Zanobio Ruberty, que sa voix,
Pendant tout ce recit repetoit plusieurs fois !
Andres, ayant changé quelque temps de visage,
A Trufaldin surpris, a tenu ce langage.
Quoy donc ! le Ciel me fait trouver heureusement,
Celuy que jusqu'icy j'ay cherché vainement !
Et que j'avois pû voir, sans pourtant reconnoistre
La source de mon sang, & l'autheur de mon estre !
Oüy, mon pere, je suis Horace vostre fils,
D'Albert qui me gardoit les jours estant finis,
Me sentant naistre au cœur d'autres inquiétudes,
Je sortis de Bologne, & quittant mes estudes,
Portay durant six ans mes pas en divers lieux,
Selon que me poussoit un desir curieux ;
Pourtant, aprés ce temps, une secrette envie,
Me pressa de revoir les miens, & ma patrie ;
Mais dans Naples, helas ! je ne vous trouvay plus,
Et n'y sceus vostre sort que par des bruits confus :
Si bien, qu'à vostre queste ayant perdu mes peines,
Venise pour un temps borna mes courses vaines ;
Et j'ay vescu depuis, sans que de ma maison,
J'eusse d'autres clartez que d'en sçavoir le nom.
Je vous laisse à juger, si pendant ces affaires,
Trufaldin ressentoit des transports ordinaires.
Enfin, pour retrancher ce que plus à loisir,
Vous aurez le moyen de vous faire éclaircir,
Par la confession de vostre Egyptienne,
Trufaldin maintenant vous reconnoist pour sienne,
Andres est vostre frere, & comme de sa sœur
Il ne peut plus songer à se voir possesseur,
Vne obligation qui pretend reconnoistre,
A fait qu'il vous obtient pour épouse à mõ maistre;

Dont le pere témoin de tout l'évenement,
Donne à cette hymenée un plein confentement;
Et pour mettre une joye entiere en fa famille,
Pour le nouvel Horace a propofé fa fille :
Voyez que d'incidens à la fois enfantez.
CELIE.
Ie demeure immobile à tant de nouveautez.
MASCARILLE.
Tous viennent fur mes pas, hors les deux cham-
   pionnes,
Qui du combat encor remettent leurs perfonnes :
Leandre eft de la trouppe, & voftre pere auffi :
Moy, je vais avertir mon Maiftre de cecy ;
Et que lors qu'à fes vœux on croit le plus d'obfta-
   cle,
Le Ciel en fa faveur produit comme un miracle.
HYPOLITE.
Vn tel raviffement rend mes efprits confus,
Que pour mon propre fort je n'en aurois pas plus,
Mais les voicy venir.

SCENE X.

TRVFALDIN, ANSELME,
PANDOLFE, ANDRES,
CELIE, HYPOLITE.

TRVFALDIN.

AH! ma fille.
CELIE.
Ah! mon pere.
TRVFALDIN.
Sçais-tu déja comment le Ciel nous est prospere ?
CELIE.
Ie viens d'entendre icy le succez merveilleux.
HYPOLITE *à Leandre*.
En vain vous parleriez pour excuser vos feux,
Si j'ay devant les yeux ce que vous pouvez dire.
LEANDRE.
Vn genereux pardon est ce que je desire ;
Mais j'atteste les Cieux, qu'en ce retour soudain
Mon pere fait bien moins que mon propre dessein.
ANDRES *à Celie*.
Qui l'auroit jamais crû que cette ardeur si pure,
Peust estre condamnée un jour par la nature ?

Toutesfois, tant d'honneur la sceut toûjours regir,
Qu'en y changeant fort peu, je puis la retenir.
CELIE.
Pour moy, je me blâmois, & croyois faire faute,
Quand je n'avois pour vous qu'une estime tres-
　haute;
Ie ne pouvois sçavoir quel obstacle puissant
M'arrestoit sur un pas si doux & si glissant,
Et détournoit mon cœur de l'aveu d'une flâme,
Que mes sens s'efforçoient d'introduire en mõ ame.
TRVFALDIN.
Mais en te recouvrant que diras-tu de moy?
Si je songe aussi-tost à me priver de toy?
Et t'engage à son fils sous les loix d'himenée?
CELIE.
Que de vous maintenant dépend ma destinée.

COMEDIE!

SCENE XI.

TRVFALDIN, MASCARILLE,
LELIE, ANSELME, PANDOLFE,
CELIE, ANDRES, HYPOLITE,
LEANDRE.

MASCARILLE.

Voyons si vostre diable aura bien le pouvoir
De détruire à ce coup un si solide espoir;
Et si contre l'excez du bien qui vous arrive,
Vous armerez encor vostre imaginative.
Par un coup impreveu des destins les plus doux,
Vos vœux sont couronnez, & Celie est à vous.
LELIE.
Croiray-je que du Ciel la puissance absoluë ?
TRVFALDIN.
Oüy, mon gendre, il est vray.
PANDOLFE.
La chose est resoluë.
ANDRES.
Ie m'acquitte par là de ce que je vous dois.
LELIE à Mascarille.
Il faut que je t'embrasse, & mille & mille fois,
Dans cette joye....
MASCARILLE.
Ahi, ahi, doucement je vous prie,
Il m'a presque estouffé, je crains fort pour Celie.

Si vous la caressez avec tant de transport:
De vos embrassemens on se passeroit fort.
TRUFALDIN à Lelie.
Vous sçavez le bon-heur que le Ciel me renvoye;
Mais puis qu'un mesme jour nous met tous dans la
joye,
Ne nous separons point qui ne soit terminé,
Et que son pere aussi nous soit viste amené.
MASCARILLE.
Vous voila tous pourveus; n'est-il point quelque
fille,
Qui pust accommoder le pauvre Mascarille;
A voir chacun se joindre à sa chacune icy,
J'ay des demangeaisons de mariage aussi.
ANSELME.
J'ay ton fait.
MASCARILLE.
Allons donc; & que les Cieux prosperes
Nous donnent des enfans dont nous soyons les
peres.

DEPIT AMOVREVX,
COMEDIE.

A MONSIEVR
MONSIEVR
HOVRLIER,
ESCVYER SIEVR DE
Mericourt, Conseiller du Roy,
Lieutenant General, Civil & Criminel au Bailliage du Palais à Paris.

ONSIEVR,

Si cette Piece, n'avoit receu les applaudissemens de toute la France, si elle n'avoit esté le charme de Paris, & si elle n'avoit esté le divertissement du plus grand Monarque de la Terre, je ne prendrois pas la liberté de vous l'offrir. Il y a long-temps que j'avois resolu de vous presenter quelque chose qui vous marquast mes respects;

EPISTRE.

Mais ne trouvant rien qui fut digne de vous estre offert, & qui fut proportionné à vos merites, j'avois tousiours differé le juste & respectueux hommage que je m'estois proposé de vous rendre; & j'eusse peut-estre encore tardé long-temps à le faire, si le Depit Amoureux de l'Autheur le plus approuvé de ce siecle, ne me fut tombé entre les mains. J'ay creu, Monsieur, que je ne devois pas laisser échapper cette occasion de satisfaire aux loix que je m'estois imposées, & que tous les Gens d'esprit demandans tous les jours cette Piece, pour avoir le plaisir de la lecture, comme ils ont eu celuy de la representation, ils seroient bien aises de rencontrer vostre nom à la teste. Pour moy, Monsieur, ma joye sera tout à fait grande de le voir passer, non seulement dans plusieurs mains; mais encor dans la bouche des plus charmantes personnes du monde. C'est alors que chacun se souviendra de toutes les belles & avantageuses qualitez que vous possedez, que
lu

EPISTRE.

les uns loüeront vostre prudence, les autres vostre esprit, les autres vostre justice, les autres la douceur qui est inseparable de tout ce que vous faites, & qui est si vivement dépeinte sur vostre visage, qu'il n'est personne qui puisse douter que vos actions en soient remplies. Iugez, Monsieur, quelle satisfaction j'auray de sçavoir que l'on rendra à vostre merite ce qui luy est deu, que l'on vous donnera des loüanges que vous avez si legitimement meritées, que l'on m'estimera d'avoir fait un si juste choix, & si glorieux pour moy, & que l'on loüera le zele & le respect avec lequel je suis,

MONSIEVR,

Vostre tres-humble, & tres-obeïssant serviteur,

*****

ACTEVRS.

ERASTE, Amant de Lucile.
ALBERT, Pere de Lucile.
GROS-RENÉ, Valet d'Eraste.
VALERE, Fils de Polidore.
LVCILE, Fille d'Albert.
MARINETTE, Suivante de Lucile.
POLIDORE, Pere de Valere.
FROSINE, Confidente d'Ascagne.
ASCAGNE, Fille sous l'habit d'homme.
MASCARILLE, Valet de Valere.
METAPHRASTE, Pedant.
LA RAPIERE, Breteur.

DEPIT AMOVREVX,
COMEDIE.

ACTE PREMIER.

SCENE PREMIERE.

ERASTE, GROS-RENE'.

ERASTE.

VEv x-tu que je te die? une atteinte se-
crette
Ne laisse point mon ame en une bonne
assiette.
Oüy, quoy qu'à mon amour tu puisses repartir,
Ie craint d'estre la dupe, à ne te point mentir:

Qu'en faveur d'un rival ta foy ne se corrompe,
Ou du moins, qu'avec moy, toy-mesme on ne
  trompe.
GROS-RENE'.
Pour moy, me soupçóner de quelque mauvais tour,
Je diray, n'en déplaise à monsieur vostre amour,
Que c'est injustement blesser ma prud'hommie
Et se connojstre mal en phisionomie.
Les gens de mon minois ne sont point accusez
D'estre, graces à Dieu, ny fourbes ny rusez :
Cét honneur qu'on nous fait je ne le démens gueres,
Et suis homme fort rond, de toutes les manieres.
Pour que l'on me trompast, cela se pourroit bien;
Le doute est mieux fondé; pourtant je n'en croy rié,
Ie ne voy point encore, ou je suis une beste,
Sur quoy vous avez pû prendre martel en teste.
Lucile, à mon avis, vous montre assez d'amour
Elle vous voit, vous parle, à toute heure du jour,
Et Valere, aprés tout, qui cause vostre crainte,
Semble n'estre à present souffert que par contrainte.
ERASTE.
Souvent d'un faux espoir un amant est nourry ;
Le mieux receu toûjours n'est pas le plus chery ;
Et tout ce que d'ardeur font paroistre les femmes
Parfois n'est qu'un beau voile à couvrir d'autres fla-
  mes.
Valere enfin, pour estre un amant rebuté,
Montre depuis un temps trop de tranquilité ;
Et ce qu'à ces faveurs, dont tu crois l'apparence,
Il témoigne de joye ou bien d'indifference (appas,
M'empoisonne á tous coups leurs plus charmans
Me donne ce chagrin que tu ne comprens pas ;
Tient mon bon-heur en doute, & me rend difficile
Vne entiere croyance aux propos de Lucile.

Je voudrois, pour trouver un tel destin plus doux,
Y voir entrer un peu de son transport jaloux,
Et sur ses déplaisirs & son impatience
Mon ame prendroit lors une pleine asseurance.
Toy-mesme, pense-tu, qu'on puisse, comme il fait,
Voir cherir un rival d'un esprit satisfait ?
Et, si tu n'en crois rien, dy moy, je t'en conjure,
Si j'ay lieu de réver dessus cette avanture.
            GROS-RENE'.
Peut-estre que son cœur a changé de desirs
Connoissant qu'il poussoit d'inutiles soupirs.
            ERASTE.
Lors que par les rebuts une ame est détachée,
Elle veut fuir l'objet dont elle fut touchée,
Et ne rompt point sa chaisne avec si peu d'éclat,
Qu'elle puisse rester en un paisible estat :
De ce qu'on a chery la fatale presence
Ne nous laisse jamais dedans l'indifference ;
Et, si de cette veuë on n'acroist son dedain,
Nostre amour est bien prés de nous rentrer au sein.
Enfin, croy moy, si bien qu'on éteigne une flame,
Vn peu de jalousie occupe encore une ame,
Et l'on ne sçauroit voir, sans en estre piqué,
Posseder par un autre un cœur qu'on a manqué.
            GROS-RENE'.
Pour moy, je ne sçay point tant de philosophie ;
Ce que voyent mes yeux, franchement je m'y fie,
Et ne suis point de moy si mortel ennemy,
Que je m'aille affliger sans sujet ny demy,
Pourquoy subtiliser, & faire le capable
A chercher des raisons pour estre miserable ?
Sur des soupçons en l'air je m'irois allarmer ?
Laissons venir la feste avant que la chomer.
Le chagrin me paroist une incommode chose ;

                        N iiij

Ie n'en prends point pour moy, sans bonne & juste
 cause ;
Et mesmes à mes yeux cent sujets d'en avoir
S'offrent le plus souvent que je ne veux pas voir.
Avec vous en amour je cours mesme fortune ;
Celle que vous aurez me doit estre commune ;
La maistresse ne peut abuser vostre foy,
A moins que la suivante en fasse autant pour moy :
Mais j'en fuis la pensée avec un soin extrême.
Ie veux croire les gens quand on me dit je t'ayme ;
Et ne vais point chercher, pour m'estimer heureux,
Si Mascarille ou non, s'arrache les cheveux.
Que tantost Marinette endure qu'à son aise
Iodelet par plaisir la caresse & la baise,
Et que ce beau rival en rie ainsi qu'un fou,
A son exemple aussi j'en riray tout mon saou ;
Et l'on verra qui rit avec meilleure grace.
ERASTE.
Voila de tes discours.
GROS-RENE'.
Mais je la voy qui passe.

COMÉDIE.

SCENE II.

MARINETTE, ERASTE, GROS-RENE'.

GROS-RENE'.

SI, Marinette.

MARINETTE.

Ho, ho. Que fais-tu là ?

GROS-RENE'.

Ma foy,
Demande, nous estions tout à l'heure sur toy.

MARINETTE.

Vous estes aussi là ! Monsieur, depuis une heure ;
Vous m'avez fait troter comme un Basque, je meure.

ERASTE.

Comment ?

MARINETTE.

Pour vous chercher j'ay fait dix mille pas,
Et vous promets, ma foy....

ERASTE.

Quoy ?

MARINETTE.

Que vous n'estes pas
au têple, au cours, chez vous, ny dãs la grãde place.

GROS-RENE'.
Il falloit en jurer.
ERASTE.
Apprend-moy donc de grace
Qui te fait me chercher.
MARINETTE.
Quelqu'un en verité,
Qui pour vous n'a pas trop mauvaise volonté.
Ma Maistresse en un mot.
ERASTE.
Ha! chere Marinette,
Ton discours de ton cœur est-il bien l'interprette,
Ne me déguise point un mystere fatal,
Ie ne t'en voudray pas pour cela plus de mal :
Au nom des Dieux, dy moy si ta belle Maistresse
N'abuse point mes vœux d'une fausse tendresse.
MARINETTE.
Hé, hé, d'où vous vient donc ce plaisant mouve-
ment ?
Elle ne fait pas voir assez son sentiment ?
Quel garant est-ce encore que vostre amour deman-
Que luy faut-il ?   (de?
GROS-RENE'.
A moins que Valere se pende,
Bagatelle; son cœur ne s'asseurera point.
MARINETTE.
Comment ?
GROS-RENE'.
Il est jaloux jusques en un tel point.
MARINETTE.
De Valere? Ha! vrayment la pensée est bien belle!
Elle peut seulement naistre en vostre cervelle!
Ie vous croyois du sens, & jusqu'à ce moment;
I'avois de vostre esprit quelque bon sentiment,

COMEDIE.

Mais, à ce que je voy, je m'estois fort trompée.
Ta teste de ce mal est-elle aussi frappée?

GROS-RENE'.

Moy jaloux? Dieu m'en garde, & d'estre assez badin
Pour m'aller emmaigrir avec un tel chagrin;
Outre que de ton cœur ta foy me cautionne,
L'opinion que j'ay de moy-mesme est trop bonne
Pour croire auprés de moy que quelqu'autre te plut,
Où diantre pourrois-tu trouver qui me valust?

MARINETTE.

En effet, tu dis bien, voila comme il faut estre,
Iamais de ces soupçons qu'un jaloux fait paroistre;
Tout le fruit qu'on en cueille est de se mettre mal,
Et d'avancer par là les desseins d'un rival:
Au merite souvent de qui l'éclat vous blesse,
Vos chagrins font ouvrir les yeux d'une Maistresse;
Et j'en sçay tel qui doit son destin le plus doux
Aux soins trop inquiets de son rival jaloux.
Enfin, quoy qu'il en soit, témoigner de l'ombrage,
C'est jolier en amour un mauvais personnage,
Et se rendre aprés tout miserable à credit:
Cela, Seigneur Eraste, en passant vous soit dit.

ERASTE.

Hé bien, n'en parlôs plus, que venois-tu m'ap- (prendre?

MARINETTE.

Vous meriteriez bien que l'on vous fit attendre:
Qu'afin de vous punir je vous tinsse caché,
Le grand secret pour quoy je vous ay tant cherché.
Tenez, voyez ce mot, & sortez hors de doute.
Lisez-le donc tout haut; personne icy n'écoute.

ERASTE lit.

Vous m'avez dit que vostre amour
    Estoit capable de tout faire,

Il se couronnera luy-mesme dans ce jour,
    S'il peut avoir l'aveu d'un pere.
Faites parler les droits qu'on a dessus mon cœur ;
    Ie vous en donne la licence :
    Et, si c'est en vostre faveur,
  Ie vous répons de mon obeïssance.

Ha ! quel bon-heur ! ô, toy, qui me l'as apporté,
Ie te dois regarder comme une Deïté.
GROS-RENÉ.
Ie vous le disois bien contre vostre croyance,
Ie ne me trompe guere aux choses que je pense.
ERASTE *lit.*
Faites parler les droits qu'on a dessus mon cœur ;
    Ie vous en donne la licence :
    Et, si c'est en vostre faveur,
  Ie vous répons de mon obeïssance.
MARINETTE.
Si je luy raportois vos foiblesses d'esprit,
Elle des-avoüeroit bien-tost un tel écrit.
ERASTE.
Ha, cache luy, de grace, une peur passagere
Où mon ame a crû voir quelque peu de lumiere ;
Ou, si tu la luy dis, ajouste que ma mort
Est preste d'expier l'erreur de ce transport ;
Que je vais à ses pieds, si j'ay pû luy déplaire,
Sacrifier ma vie à sa juste colere.
MARINETTE.
Ne parlons point de mort, ce n'en est pas le temps.
ERASTE.
Au reste, je te doy beaucoup, & je pretens
Reconnoistre dans peu de la bonne maniere
Les soins d'une si noble & si belle courriere.

COMEDIE.

MARINETTE.
A propos ; sçavez-vous où je vous ay cherché
Tantost encor ?

ERASTE.
Hé bien ?

MARINETTE.
Tout proche du marché,
Où vous sçavez.

ERASTE.
Où donc ?

MARINETTE.
Là, dans cette boutique
Où dés le mois passé vostre cœur magnifique
Me promit, de sa grace, une bague.

ERASTE.
Ha, j'entends.

GROS-RENE'.
La Matoise !

ERASTE.
Il est vray, j'ay tardé trop long-temps
A m'acquiter vers toy d'une telle promesse :
Mais.....

MARINETTE.
Ce que j'en ay dit, n'est pas que je vous presse.

GROS-RENE'.
Ho ! que non !

ERASTE.
Celle-cy peut-estre aura de quoy
Te plaire. Accepte-la pour celle que je doy.

MARINETTE.
Monsieur, vous vous moquez, j'aurois honte à la
  prendre,

GROS-RENE'.
Pauvre honteuse, prend, sans davantage attendre.

Refuser ce qu'on donne, est bon à faire aux foux.
MARINETTE.
Ce sera pour garder quelque chose de vous.
ERASTE.
Quand puis-je rendre grace à cét ange adorable?
MARINETTE.
Travaillez à vous rendre un pere favorable.
ERASTE.
Mais, s'il me rebutoit, dois-je....
MARINETTE.
Alors comme alors;
Pour vous on employra toutes sortes d'efforts,
D'une façon ou d'autre il faut qu'elle soit vostre;
Faites vostre pouvoir, & nous ferons le nostre.
ERASTE.
Adieu, nous en sçaurons le succés dans ce jour.
MARINETTE.
Et nous, que dirons-nous aussi de nostre amour?
Tu ne m'en parles point.
GROS-RENE'.
Vn hymen qu'on souhaite
Entre gens comme nous est chose bien-tost faite.
Ie te veux. Me veux-tu de mesme?
MARINETTE.
Avec plaisir.
GROS-RENE'.
Touche; il suffit.
MARINETTE.
Adieu, Gros-René, mon desir.
GROS-RENE'.
Adieu, mon Astre.
MARINETTE.
Adieu, beau tison de ma flame.

COMEDIE.

GROS-RENE'.
Adieu, chere comete, arc-en-Ciel de mon ame.
Le bon Dieu soit loüé, nos affaires vont bien;
Albert n'est pas un homme à vous refuser rien.
ERASTE.
Valere vient à nous.
GROS-RENE'.
Ie plains la pauvre hére,
Sçachant ce qui se passe.

SCENE III.

ERASTE, VALERE, GROS-RENE',

ERASTE.
HE' bien? Seigneur Valere.
VALERE.
Hé bien? Seigneur Eraste.
ERASTE.
En quel estat l'amour?
VALERE.
En quel estat vos feux?
ERASTE.
Plus forts de jour en jour.
VALERE.
Et mon amour plus fort.
ERASTE.
Pour Lucile?

DEPIT AMOVREVX,

VALERE.

Pour elle.

ERASTE.

Certes, je l'avoüeray, vous estes le modelle
D'une rare constance.

VALERE.

Et vostre fermeté
Doit estre un rare exemple à la posterité.

ERASTE.

Pour moy, je suis peu fait à cét amour austere,
Qui dans les seuls regards trouve à se satisfaire,
Et je ne forme point d'assez beaux sentimens,
Pour souffrir constamment les mauvais traitemens.
Enfin, quand j'ayme bien, j'ayme fort que l'on
  m'ayme.

VALERE.

Il est tres-naturel, & j'en suis bien de mesme:
Le plus parfait objet dont je serois charmé
N'auroit pas mes tributs, n'en estant point aymé.

ERASTE.

Lucile cependant.....

VALERE.

Lucile dans son ame
Rend tout ce que je veux qu'elle rende à ma flâme.

ERASTE.

Vous estes donc facile à contenter.

VALERE,

Pas tant
Que vous pourriez penser.

ERASTE.

Je puis croire pourtant,
Sans trop de vanité, que je suis en sa grace.

VALERE.

Moy, je sçay que j'y tiens une assez bonne place.

COMEDIE.

ERASTE.
Ne vous abusez point ; croyez-moy.
VALERE.
Croyez-moy,
Ne laissez point duper vos yeux à trop de foy.
ERASTE.
Si j'osois vous monstrer une preuve asseurée
Que son cœur..... non ; vostre ame en seroit alterée,
VALERE.
Si je vous osois moy découvrir en secret....
Mais, je vous fâcherois, & veux estre discret.
ERASTE
Vrayment, vous me poussez ; & contre mon envie
Vostre presomption veut que je l'humilie.
Lisez.

VALERE.
Ces mots sont doux.
ERASTE.
Vous connoissez la main ?
VALERE.
Oüy, de Lucile.
ERASTE.
Hé bien ? cét espoir si certain..?
VALERE *riant.*
Adieu, Seigneur Eraste.
GROS-RENÉ.
Il est fou le bon Sire
Où vient-il donc, pour luy de voir le mot pour rire ?
ERASTE.
Certes, il me surprend, & j'ignore, entre nous,
Quel diable de mystere est caché là dessous.
GROS-RENÉ.
Son valet vient, je pense.

DEPIT AMOVREVX,

ERASTE.
Oüy, je le voy paroiſtre,
Feignons, pour le jetter ſur l'amour de ſon Maiſtre.

SCENE IV.
MASCARILLE, ERASTE, GROS-RENE'.

MASCARILLE.
Non, je ne trouve point d'eſtat plus mal-
heureux,
Que d'avoir un patron jeune & fort amoureux.
GROS-RENE'.
Bon jour.
MASCARILLE.
Bon jour.
GROS-RENE'.
Où tend Maſcarille à cette heure?
Que fait-il? revient-il? va-t'il? ou s'il demeure?
MASCARILLE.
Non, je ne reviens pas ; car je n'ay pas eſté :
Ie ne vais pas auſſi ; car je ſuis arreſté :
Et ne demeure point ; car, tout de ce pas meſme,
Ie pretens m'en aller.
ERASTE.
La rigueur eſt extrême :
Doucement, Maſcarille.
MASCARILLE.
Ha! Monſieur, Serviteur.

COMEDIE.

ERASTE.
Vous nous fuyez bien viste ? hé quoy ! vous fay-je peur ?

MASCARILLE.
Ie ne croy pas cela de voſtre courtoiſie.

ERASTE.
Touche : nous n'avons plus ſujet de jalouſie ;
Nous devenons amis, & mes feux que j'éteins
Laiſſent la place libre à vos heureux deſſeins.

MASCARILLE.
Pleuſt à Dieu !

ERASTE.
Gros-René ſçait qu'ailleurs je me jette.

GROS-RENÉ
Sans doute : & je te cede auſſi la Marinette.

MASCARILLE.
Paſſons ſur ce poinct là ; noſtre rivalité
N'eſt pas pour en venir à grande extremité :
Mais, eſt-ce un coup bien ſeur que voſtre Seigneurie
Soit des-énamourée, ou ſi c'eſt raillerie ?

ERASTE.
I'ay ſceu qu'en ſes amours ton Maiſtre eſtoit trop bien ;
Et je ſerois un fou de pretendre plus rien
Aux eſtroites faveurs qu'il a de cette belle.

MASCARILLE.
Certes, vous me plaiſez avec cette nouvelle ;
Outre qu'en nos projets je vous craignois un peu,
Vous tirez ſagement voſtre épingle du jeu.
Oüy, vous avez bien fait de quitter une place,
Où l'on vous careſſoit pour la ſeule grimace ;
Et mille fois, ſçachant tout ce qui ſe paſſoit,
I'ay plaint le faux eſpoir dont on vous repaiſſoit.
On offenſe un brave homme alors que l'on l'abuſe ;
Mais, d'où diantre, aprés tout, avez-vous ſceu la ruſe :

Car cét engagement mutuel de leur foy
N'eut, pour témoins, la nuit, que deux autres &
  moy ;
Et l'on croit, jusqu'icy la chaîne fort secrette
Qui rend de nos amans la flame satisfaite.
ERASTE.
Hé ! que dis-tu ?
MASCARILLE.
Ie dis que je suis interdit :
Et ne sçay pas, Monsieur, qui peut vous avoir dit,
Que, sous ce faux semblant qui trompe tout le
  monde,
En vous trompant aussi, leur ardeur sans seconde
D'un secret mariage aserré le lien.
ERASTE.
Vous en avez menty.
MASCARILLE.
Monsieur, ie le veux bien.
ERASTE.
Vous estes un coquin.
MASCARILLE.
D'accord.
ERASTE.
Et cette audace
Meriteroit cent coups de baston sur la place.
MASCARILLE.
Vous avez tout pouvoir.
ERASTE.
Ha ! Gros-René.
GROS-RENE'.
Monsieur.
ERASTE.
Ie démens un discours dont je n'ay que trop peur,
Tu penses fuyr ?   *à Mascarille.*

COMEDIE. 307
MASCARILLE.
Nenny.
ERASTE.
Quoy! Lucile est la femme.....
MASCARILLE.
Non, Monsieur, je raillois.
ERASTE.
Ha! vous raillez! infame.
MASCARILLE.
Non, je ne raillois point.
ERASTE.
Il est donc vray?
MASCARILLE.
Non pas;
Ie ne dis pas cela.
ERASTE.
Que dis-tu donc?
MASCARILLE.
Helas!
Ie ne dy rien, de peur de mal parler.
ERASTE.
Asseure,
Ou si c'est chose vraye, ou si c'est imposture.
MASCARILLE.
C'est ce qu'il vous plaira; je ne suis pas icy
Pour vous rien contester.
ERASTE.
Veux-tu dire? voicy,
Sans marchander, de quoy te délier la langue.
MASCARILLE.
Elle ira faire encore quelque sotte harangue.
Hé, de grace, plûtost, si vous le trouvez bon,
Donnez-moy vistement quelques coups de baston,
Et me laissez tirer mes chausses sans murmure.

ERASTE.
Tu mourras, ou je veux que la verité pure
S'exprime par ta bouche.
MASCARILLE.
Helas ! je la diray :
Mais, peut-estre, Monsieur, que je vous fascheray.
ERASTE.
Parle : mais prend bien garde à ce que tu vas faire;
A ma juste fureur rien ne te peut soustraire,
Si tu mens d'un seul mot en ce que tu diras.
MASCARILLE.
I'y consens, rompez-moy les jambes & les bras ;
Faites-moy pis encore, tuez moy si j'impose
En tout ce que j'ay dit icy la moindre chose.
ERASTE.
Ce mariage est vray ?
MASCARILLE.
Ma langue, en cét endroit,
A fait un pas de clerc dont elle s'aperçoit :
Mais, enfin, cette affaire est comme vous la dites ;
Et c'est aprés cinq jours de nocturnes visites,
Tandis que vous serviez à mieux couvrir leur jeu,
Que depuis avanthier ils sont joints de ce nœud;
Et Lucile depuis fait encore moins paroistre
La violente amour qu'elle porte à mon Maistre,
Et veut absolument que tout ce qu'il verra,
Et qu'en vostre faveur son cœur témoignera,
Il l'impute à l'effet d'une haute prudence,
Qui veut de leurs secrets oster la connoissance.
Si, malgré mes sermens, vous doutez de ma foy,
Gros-René peut venir une nuit avec moy ;
Et je luy feray voir estant en sentinelle
Que nous avons dans l'ombre un libre accez chez
  elle.

ERASTE.
Oste-toy de mes yeux, maraut.
MASCARILLE.
Et de grand cœur;
C'est ce que je demande.
ERASTE.
Hé bien!
GROS-RENE'.
Hé bien! Monsieur:
Nous en tenons tous deux, si l'autre est veritable.
ERASTE.
Las! il ne l'est que trop, le bourreau detestable.
Je voy trop d'apparence à tout ce qu'il a dit:
Et ce qu'a fait Valere, en voyant cét écrit,
Marque bien leur concert, & que c'est une baye
Qui sert sans doute aux feux dont l'ingrate le paye.

SCENE V.

MARINETTE, GROS-RENE', ERASTE.

MARINETTE.
JE viens vous avertir que tantost sur le soir
Ma Maistresse au jardin vous permet de la voir.
ERASTE.
Oses-tu me parler, ame double, & traistresse?
Va, sors de ma presence, & dis à ta Maistresse,
Qu'aveque ses écrits elle me laisse en paix,
Et que voila l'estat, infame, que j'en fais.
MARINETTE.
Gros-René, dy-moy donc, quelle mouche le pique.
GROS-RENE'.
M'oses-tu bien encor parler? femelle inique?
Crocodile trompeur, de qui le cœur felon
Est pire qu'un Satrape, ou bien qu'un l'Estrigon.
Va, va, rendre réponse à ta bonne Maistresse,
Et luy dis bien & beau, que, malgré sa souplesse,
Nous ne sommes plus sots, ny mon Maistre, ny moy,
Et desormais qu'elle aille au Diable avecque toy.

COMEDIE.
MARINETTE.
Ma pauvre Marinette, és-tu bien éveillée ?
De quel demon est donc leur ame travaillée ?
Quoy faire un tel accueil à nos soins obligeans !
O ! que cecy chez nous va surprendre les gens !

Fin du premier Acte.

ACTE II.

SCENE PREMIERE.

ASCAGNE, FROSINE.

FROSINE.
AScagne, je suis fille à secret, Dieu mercy.
ASCAGNE.
Mais, pour un tel discours, sommes nous bien icy ?
Prenons garde qu'aucun ne nous vienne surprédre,
Ou que de quelque endroit on ne nous puisse entendre.
FROSINE.
Nous serions au logis beaucoup moins seurement ;
Icy de tous costez on découvre ayfément,
Et nous pouvons parler avec toute asseurance.
ASCAGNE.
Helas ! que j'ay de peine à rompre mon silence !
FROSINE.
Oüay ! cecy doit donc estre un important secret.
ASCAGNE.
Trop, puisque je le dis à vous mesme à regret,
Et que si je pouvois le cacher davantage,
Vous ne le sçauriez point,

COMEDIE.

FROSINE.
Ha! c'est me faire outrage
Feindre à s'ouvrir à moy ! dont vous avez connû
Dans tous vos interests l'esprit si retenu.
Moy nourrie avec vous ! & qui tiens sous silence
Des choses qui vous sont de si grande importance !
Qui sçais...
ASCAGNE.
Oüy, vous sçavez la secrette raison
Qui cache aux yeux de tous mon sexe & ma maisõ:
Vous sçavez que dans celle où passa mon bas âge
Je suis, pour y pouvoir retenir l'heritage
Que relaschoit ailleurs le jeune Ascagne mort,
Dont mon déguisement fait revivre le sort,
Et c'est aussi pourquoy ma bouche se dispense
A vous ouvrir mon cœur avec plus d'asseurance.
Mais, avant que passer, Frosine à ce discours,
Eclaircissez un doute où je tombe toûjours.
Se pourroit-il qu'Albert ne sceut rien du mystere
Qui masque ainsi mon sexe, & l'a rendu mon pere ?
FROSINE.
En bonne foy, ce poinct sur quoy vous me pressez,
Est une affaire aussi qui m'embarasse assez :
Le fond de cette intrigue est pour moy lettre close ;
Et ma mere ne put m'éclaircir mieux la chose.
Quand il mourut ce fils, l'objet de tant d'amour,
Au destin de qui mesme, avant qu'il vinst au jour,
Le testament d'un oncle abondant en richesses
D'un soin particulier avoit fait des largesses,
Et que sa mere fit un secret de sa mort,
De son espoux absent redoutant le transport,
S'il voyoit chez un autre aller tout l'heritage
Dont sa maison tiroit un si grand avantage,
Quand, dis-je, pour cacher un tel événement,
La supposition fut de son sentiment,

O ij

Là qu'on vous prit chez nous où vous estiez nour-
rie,
Voſtre mere d'accord de cette tromperie
Qui remplaçoit ce fils à ſa garde commis,
En faveur des preſens le ſecret fut promis.
Albert ne l'a point ſceu de nous ; & pour ſa femme,
L'ayant plus de douze ans conſervé dans ſon ame,
Comme le mal fut prompt dont on la vit mourir,
Son trépas imprévû ne put rien découvrir.
Mais, cependant, je voy qu'il garde intelligence
Avec celle de qui vous tenez la naiſſance.
J'ay ſceu, qu'en ſecret meſme, il luy faiſoit du bien;
Et peut-eſtre cela ne ſe fait pas pour rien.
D'autre part, il vous veut porter au mariage ;
Et, comme il le pretend, c'eſt un mauvais langage :
Ie ne ſçay s'il ſçauroit la ſuppoſition
Sans le déguiſement ; mais la digreſſion
Tout inſenſiblement pourroit trop loin s'étendre;
Revenons au ſecret que je brûle d'apprendre.

ASCAGNE.

Sçachez donc que l'amour ne ſçait point s'abuſer;
Que mon ſexe à ſes yeux n'a peu ſe déguiſer,
Et que ſes traits ſubtils, ſous l'habit que je porte,
Ont ſceu trouver le cœur d'une fille peu forte :
I'ayme enfin.

FROSINE.
Vous aymez ?

ASCAGNE.
Froſine, doucement,
N'entrez pas tout à fait dedans l'étonnement :
Il n'eſt pas temps encore : & ce cœur qui ſoupire
A bien pour vous ſurprendre autre choſe à vous (dire

FROSINE.
Et quoy ?

COMEDIE.

ASCAGNE.
J'ayme Valere.

FROSINE.
Ha! vous avez raison,
L'objet de voſtre amour, luy dont à la maiſon
Voſtre impoſture enleve un puiſſant heritage,
Et qui de voſtre ſexe ayant le moindre ombrage,
Verroit incontinent ce bien luy retourner,
C'eſt encor un plus grand ſujet de s'étonner.

ASCAGNE.
J'ay dequoy toutefois ſurprendre plus voſtre ame:
Je ſuis ſa femme.

FROSINE.
O! Dieux! ſa femme!

ASCAGNE.
Oüy, ſa femme.

FROSINE.
Ha! certes celuy-la l'emporte, & vient à bout
De toute ma raiſon.

ASCAGNE.
Ce n'eſt pas encor tout.

FROSINE.
Encore!

ASCAGNE.
Je la ſuis, dis-je, ſans qu'il le penſe,
Ny qu'il ait de mon ſort la moindre connoiſſance.

FROSINE.
Ho! pouſſez; je le quitte, & ne raiſonne plus,
Tant mes ſens coup ſur coup ſe trouvent côfondus,
A ces enigmes-là je ne puis rien comprendre.

ASCAGNE.
Je vais vous l'expliquer, ſi vous voulez m'entendre.
Valere dans les fers de ma ſœur arreſté
Se ſembloit un amant digne d'eſtre écouté,

O iij

Et je ne pouvois voir qu'on rebutast sa flame,
Sans qu'un peu d'interest touchât pour luy mon ame.
Ie voulois que Lucile aimast son entretien,
Ie blâmois ses rigueurs, & les blâmay si bien,
Que moy-mesme j'entray, sans pouvoir m'en def-
 fendre,
Dans tous les sentimens qu'elle ne pouvoit prédre.
C'estoit en luy parlant moy qu'il persuadoit,
Ie me laissois gagner aux soupirs qu'il perdoit,
Et ses vœux rejettez de l'objet qui l'enflame
Estoient comme vainqueurs, receus dedans mon
 ame.
Ainsi, mon cœur, Frosine, un peu trop foible, helas!
Se rendit à des soins qu'on ne luy rendoit pas,
Par un coup refléchy receut une blessure,
Et paya pour un autre avec beaucoup d'usure.
Enfin, ma chere, enfin, l'amour que j'eus pour luy
Se voulut expliquer; mais sous le nom d'autruy:
Dans ma bouche, une nuit, cét amant trop aimable
Crut rencontrer Lucile à ses vœux favorable,
Et je sceus ménager si bien cét entretien,
Que du déguisement il ne reconnut rien.
Sous ce voile trompeur qui flatoit sa pensée,
Ie luy dis que pour luy mon ame estoit blessée;
Mais que, voyant mon pere en d'autres sentimens
Ie devois une feinte à ses commandemens;
Qu'ainsi de nostre amour nous ferions un mystere
Dont la nuit seulement seroit depositaire,
Et qu'entre nous de jour, de peur de rien gâter,
Tout entretien secret se devoit éviter;
Qu'il me verroit alors la mesme indifference,
Qu'avant que nous eussions aucune intelligence,
Et que de son costé, de mesme que du mien,
Geste, parole, écrit, ne m'en dit jamais rien.

COMEDIE. 317

Enfin, sans m'arrester sur toute l'industrie
Dont j'ay conduit le fil de cette tromperie.
J'ay poussé jusqu'au bout un projet si hardy,
Et me suis asseuré l'Epoux que je vous dy.
FROSINE.
Peste! les grands talens que vostre esprit possede!
Diroit-on qu'elle y touche, avec sa mine froide?
Cependant, vous avez esté bien viste icy ;
Car je veux que la chose ait d'abord reüssi,
Ne jugez vous pas bien, à regarder l'issuë,
Qu'elle ne peut long-temps éviter d'estre sceuë.
ASCAGNE.
Quand l'amour est bien fort, rien ne peut l'arrester;
Ses projets seulement vont à se contenter,
Et, pourveu qu'il arrive au but qu'il se propose,
Il croit que tout le reste aprés est peu de chose.
Mais, enfin, aujourd'huy je me découvre à vous.
Afin que vos conseils.... Mais voicy cét Epoux.

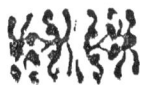

SCENE II.

VALERE, ASCAGNE, FROSINE.

VALERE.

SI vous estes tous deux en quelque conference,
Où je vous fasse tort de mesler ma presence,
Ie me retireray.

ASCAGNE.
Non, non ; vous pouvez bien
Puisque vous le faisiez, rompre nostre entretien.

VALERE.
Moy ?

ASCAGNE.
Vous-mesme.

VALERE.
Et comment ?

ASCAGNE.
Ie disois que Valere.
Auroit, si j'estois fille, un peu trop sceu me plaire;
Et que, si je faisois tous les vœux de son cœur,
Ie ne tarderois guere à faire son bon-heur.

VALERE.
Ces protestations ne coutent pas grand chose,
Alors qu'à leur effet un pareil si s'oppose :

COMEDIE.

Mais vous seriez bien pris, si quelque évenement
Alloit mettre à l'épreuve un si doux compliment.
ASCAGNE.
Point du tout : je vous dy que regnant dans vostre ame,
Je voudrois de bon cœur couronner vostre flame.
VALERE.
Et si c'estoit quelqu'une, ou par vostre secours
Vous pussiez estre utile au bon-heur de mes jours.
ASCAGNE.
Je pourrois assez mal répondre à vostre attente.
VALERE.
Cette confession n'est pas fort obligeante.
ASCAGNE.
Hé ! quoy ! vous voudriez, Valere, injustement,
Qu'estant fille, & mon cœur vous aymant tendre-
Je m'allasse engager avec une promesse   (ment,
De servir vos ardeurs pour quelqu'autre Maistresse.
Vn si penible effort pour moy m'est interdit.
VALERE.
Mais cela n'estant pas ?
ASCAGNE.
    Ce que je vous ay dit
Je l'ay dit comme fille, & vous le devez prendre
Tout de mesme.
VALERE.
    Ainsi donc il ne faut rien pretendre,
Ascagne à des bontez que vous auriez pour nous,
A moins que le Ciel fasse un grand miracle en vous.
Bref, si vous n'estes fille, adieu vostre tendresse ;
Il ne vous reste rien qui pour nous s'interesse ?
ASCAGNE.
J'ay l'esprit delicat plus qu'on ne peut penser,
Et le moindre scrupule a dequoy m'offenser

O v

Quand il s'agit d'aymer, enfin je suis sincere ;
Ie ne m'engage point à vous servir, Valere,
Si vous ne m'asseurez au moins absolument,
Que vous sentez pour moy le mesme sentiment ;
Que pareille chaleur d'amitié vous transporte,
Et que, si j'estois fille, une flame plus forte
N'outrageroit point celle où je vivrois pour vous.

VALERE.

Ie n'avois jamais veu ce scrupule jaloux ;
Mais tout nouveau qu'il est, ce mouvement m'o-
Et je vous fais icy tout l'aveu qu'il exige.   [blige.

ASCAGNE.

Mais sans fard ?

VALERE.

   Oüy, sans fard.

ASCAGNE.

      S'il est vray, desormais ;
Vos interests seront les miens, je vous promets.

VALERE.

I'ay bien-tost à vous dire un important mystere,
Où l'effet de ces mots me sera necessaire.

ASCAGNE.

Et j'ay quelque secret de mesme à vous ouvrir,
Où vostre cœur pour moy se pourra découvrir.

VALERE.

Hé ! de quelle façon cela pourroit-il estre ?

ASCAGNE.

C'est que j'ay de l'amour qui n'oseroit paroistre,
Et vous pourriez avoir sur l'objet de mes vœux
Vn empire à pouvoir rendre mon sort heureux.

VALERE.

Expliquez-vous, Ascagne, & croyez par avance
Que vostre heur est certain, s'il est en ma puissance.

COMEDIE.

ASCAGNE.
Vous promettez icy plus que vous ne croyez.
VALERE.
Non, non; dites l'objet pour qui vous m'éployez.
ASCAGNE.
Il n'est pas encore temps; mais c'est une personne
Qui vous touche de prés.
VALERE
Vostre discours m'estonne;
Pleust à Dieu que ma sœur....
ASCAGNE.
Ce n'est pas la saison,
De m'expliquer, vous dis-je.
VALERE.
Et pourquoy?
ASCAGNE.
Pour raison.
Vous sçaurez mon secret, quãd je sçauray le vôtre.
VALERE.
I'ay besoin pour cela de l'aveu de quelque autre.
ASCAGNE.
Ayez-le donc; & lors nous expliquant nos vœux,
Nous verrons qui tiendra mieux parole des deux.
VALERE.
Adieu; j'en suis content.
ASCAGNE.
Et moy content, Valere.
FROSINE.
Il croit trouver en vous l'assistance d'un frere.

O vj

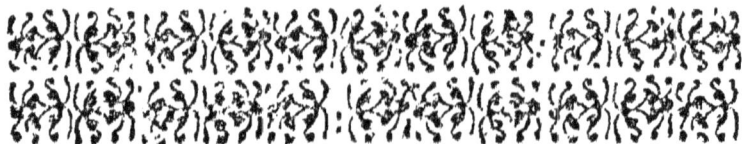

SCENE III.

FROSINE, ASCAGNE,
MARINETTE, LVCILE.

LVCILE.

C'En est fait ; c'est ainsi que je me puis venger :
Et, si cette action a dequoy l'affliger,
C'est toute la douceur que mon cœur s'y propose,
Mon frere, vous voyez une metamorphose.
Ie veux cherir Valere aprés tant de fierté,
Et mes vœux maintenant tournent de son costé.

ASCAGNE.

Que dites-vous ? ma sœur ; comment ! courir au
  change !
Cette inégalité me semble trop étrange.

LVCILE.

La vostre me surprend avec plus de sujet.
De vos soins autrefois Valere estoit l'objet ;
Ie vous ay veu pour luy m'accuser de caprice,
D'aveugle cruauté, d'orgueil, & d'injustice,
Et, quand je veux l'aimer mon dessein vous déplaist,
Et je vous voy parler contre son interest.

ASCAGNE.

Ie le quitte, ma sœur, pour embrasser le vostre :
Ie sçay qu'il est rangé dessous les loix d'une autre,

COMEDIE.

Et ce seroit un trait honteux à vos appas,
Si vous le r'appelliez & qu'il ne revint pas.

LVCILE.

Si ce n'est que cela, j'auray soin de ma gloire;
Et je sçay pour son cœur tout ce que j'en dois croire;
Il s'explique à mes yeux intelligiblement.
Ainsi, découvrez-luy, sans peur, mon sentiment :
Ou, si vous refusez de le faire, ma bouche
Luy va faire sçavoir que son ardeur me touche.
Quoy! mon frere, à ces mots vous restez interdit!

ASCAGNE.

Ha! ma sœur, si sur vous je puis avoir credit,
Si vous estes sensible aux prieres d'un frere,
Quittez un tel dessein, & n'ostez point Valere
Aux vœux d'un jeune objet dont l'interest m'est
  cher,
Et qui sur ma parole a droit de vous toucher.
La pauvre infortunée aime avec violence;
A moy seul de ses feux elle fait confidence,
Et je voy dans son cœur de tendres mouvemens
A dompter la fierté des plus durs sentimens.
Oüy, vous auriez pitié de l'estat de son ame,
Connoissant de quel coup vous menacez sa flame;
Et je ressens si bien la douleur qu'elle aura,
Que je suis asseuré, ma sœur, qu'elle mourra,
Si vous luy dérobez l'amant qui peut luy plaire;
Eraste est un party qui doit vous satisfaire,
Et des feux mutuels....

LVCILE.

Mon frere, c'est assez :
Ie ne sçay point pour qui vous vous interessez;
Mais, de grace, cessons ce discours, je vous prie,
Et me laissez un peu dans quelque réverie.

ASCAGNE.

Allez, cruelle sœur, vous me desesperez,
Si vous effectuez vos desseins declarez.

SCENE IV.

MARINETTE, LVCILE.

MARINETTE.

LA resolution, Madame, est assez prompte.

LVCILE.

Vn cœur ne peze rien alors que l'on l'affronte ;
Il court à sa vengeance, & saisit promptement
Tout ce qu'il croit servir à son ressentiment.
Le traistre ! faire voir cette insolence extrême !

MARINETTE.

Vous m'en voyez encor toute hors de moy-même,
Et, quoy que là dessus je rumine sans fin,
L'aventure me passe, & j'y pers mon latin.
Car enfin, aux transports d'une bonne nouvelle,
Iamais cœur ne s'ouvrit d'une façon plus belle :
De l'écrit obligeant le sien tout transporté
Ne me donnoit pas moins que de la deité ;
Et cependant jamais, à cét autre message,
Fille ne fut traitée avecque tant d'outrage.
Ie ne sçay, pour causer de si grands changemens,
Ce qui s'est pû passer entre ces courts momens.

COMEDIE.

LVCILE.
Rien ne s'est pû passer dont il faille estre en peine,
Puis que rien ne le doit deffendre de ma haine.
Quoy! tu voudrois chercher hors de sa lâcheté
La secrette raison de cette indignité!
Cét écrit malheureux dont mon ame s'accuse
Peut-il à son transport souffrir la moindre excuse.

MARINETTE.
En effet; ie comprends que vous avez raison,
Et que cette querelle est pure trahison.
Nous en tenons, Madame; & puis prétons l'oreille
Aux bons chiens de pendards qui nous chantent merveille;
Qui pour nous acrocher feignent tant de langueur;
Laissons à leurs beaux mots fondre nostre rigueur,
Rendons nous à leurs vœux, trop foibles que nous sommes:
Foin de nostre sottise, & peste soit des hommes.

LVCILE.
Hé bien, bien; qu'il s'en vante, & rie à nos dépens,
Il n'aura pas sujet d'en triompher long-temps;
Et je luy feray voir qu'en une ame bien faite
Le mépris suit de prés la faveur qu'on rejette.

MARINETTE.
Au moins, en pareil cas, est-ce un bon-heur bien doux,
Quád on sçait qu'on n'a point d'avátage sur vous.
Marinette eut bon nez, quoy qu'on en puisse dire,
De ne permettre rien un soir qu'on vouloit rire.
Quelque autre, sous espoir de matrimonion,
Auroit ouvert l'oreille à la tentation ;
Mais moy, nescio vos.

LVCILE.
Que tu dis de folies!

Et choisis mal ton temps pour de telles saillies!
Enfin je suis touchée au cœur sensiblement,
Et, si jamais celuy de ce perfide amant
Par un coup de bon-heur, dont j'aurois tort, je pēſe,
De vouloir à present concevoir l'esperance,
(Car le Ciel a trop pris plaisir à m'affliger,
Pour me donner celuy de me pouvoir venger)
Quand, dis-je, par un sort à mes desirs propice,
Il reviendroit m'offrir sa vie en sacrifice,
Detester à mes pieds l'action d'aujourd'huy,
Ie te deffends sur tout de me parler de luy.
Au contraire, je veux que ton zele s'exprime
A me bien mettre aux yeux la grãdeur de son crime.
Et mesme, si mon cœur estoit pour luy tenté
De descendre jamais à quelque lâcheté,
Que ton affection me soit alors severe,
Et tienne comme il faut la main à ma colere.

MARINETTE.

Vrayment, n'ayez point peur, & laissez faire à nous;
I'ay pour le moins autant de colere que vous;
Et je serois plûtost fille toute ma vie,
Que mon gros traître aussi me redonnast envie.
S'il vient.....

COMEDIE.

SCENE V.

MARINETTE, LVCILE, ALBERT.

ALBERT.

REntrez, Lucile, & me faites venir
Le Precepteur, je veux un peu l'entretenir,
Et m'informer de luy qui me gouverne Ascagne,
S'il sçait point quel ennuy depuis peu l'accōpagne.
Il continuë seul.
En quel gouffre de soins & de perplexité
Nous jette une action faite sans équité!
D'un enfant supposé par mon trop d'avarice
Mon cœur depuis long-téps souffre bié le supplice,
Et, quand je voy les maux où je me suis plongé,
Ie voudrois à ce bien n'avoir jamais songé.
Tantost je crains de voir, par la fourbe éventée,
Ma famille en opprobre & misere jettée;
Tantost, pour ce fils-là, qu'il me faut conserver,
Ie crains cent accidens qui peuvent arriver.
S'il advient que dehors quelque affaire m'appelle,
I'apprehende au retour cette triste nouvelle,
Las! vous ne sçavez-pas? vous l'a-t'on annoncé?
Vostre fils à la fiévre, ou jambe, ou bras cassé?

Enfin à tous momens, sur quoy que je m'arreste,
Cent fortes de chagrins me roulent sur la teste.

SCENE VI.

ALBERT, METAPHRASTE.

METAPHRASTE.

Mandatum tuum curo diligenter.

ALBERT.

Maistre j'ay voulu.

METAPHRASTE.

Maistre est dit à *Magister!*
C'est comme qui diroit trois fois plus grand.

ALBERT.

Je meure,
Si je sçavois cela. Mais, soit, à la bonne heure.
Maistre, donc....

METAPHRASTE.

Poursuivez.

ALBERT.

Je veux poursuivre aussi;
Mais ne poursuivez point, vous, d'interrompre ainsi.
Donc, encore une fois, Maistre, c'est la troisiéme,
Mon fils me réd chagrin; vous sçavez que je l'ayme,
Et que soigneusement je l'ay toûjours nourry.

COMEDIE.

METAPHRASTE.
Il est vray ; *Filio non potest præferri*
Nisi filius.

ALBERT.

Maistre, en discourant ensemble,
Ce jargon n'est pas fort necessaire, me semble;
Je vous croy grand Latin, & grand Docteur juré;
Je m'en rapporte à ceux qui m'en ont assuré :
Mais, dans un entetien qu'avec vous je destine,
N'allez point déployer toute vostre doctrine,
Faire le pedagogue, & cent mots me cracher,
Comme si vous estiez en chaire pour prescher.
Mon pere, quoy qu'il eut la teste des meilleures,
Ne m'a jamais rien fait apprendre que mes heures,
Qui, depuis cinquante ans dites journellement
Ne sont encor pour moy que du haut Allemant.
Laissez donc en repos vostre science auguste,
Et que vostre langage à mon foible s'ajuste.

METAPHRASTE.
Soit.

ALBERT.
A mon fils, l'hymen semble luy faire peur,
Et, sur quelque party que je sonde son cœur,
Pour un pareil lien il est froid, & recule.

METAPHRASTE.
Peut-estre a-t'il l'humeur du frere de Marc-Tulle,
Dont avec Atticus le mesme fait sermon,
Et comme aussi les Grecs disent Atanaton.

ALBERT.
Mon Dieu, Maistre éternel, laissez-la, je vous prie,
Les Grecs, les Albanois, avec l'Esclavonie,
Et tous ces autres gens dont vous venez parler;
Eux & mon fils n'ont rien ensemble à démesler.

METAPHRASTE.

Hé bien donc ? vostre fils ?

ALBERT.

Je ne sçay si dans l'ame
Il ne sentiroit point une secrette flame.
Quelque chose le trouble, ou je suis fort déceu,
Et je l'apperceus hier, sans en estre apperceu,
Dans un recoin du bois où nul ne se retire.

METAPHRASTE.

Dans un lieu reculé du bois, voulez-vous dire ?
Vn endroit écarté, *Latinè, secessus* ;
Virgile l'a dit, *est in secessu locus*.....

ALBERT.

Comment auroit-il pû l'avoir dit ce Virgile ?
Puis que je suis certain que dans ce lieu tranquile,
Ame du monde, enfin, n'estoit lors que nous deux.

METAPHRASTE.

Virgile est nommé là comme un Autheur fameux
D'un terme plus choisi que le mot que vous dites,
Et non comme témoin de ce qu'hier vous vistes.

ALBERT.

Et moy, je vous dis, moy, que je n'ay pas besoin
De terme plus choisi, d'autheur ny de témoin,
Et qu'il suffit icy de mon seul témoignage.

METAPHRASTE.

Il faut choisir pourtant les mots mis en usage
Par les meilleurs Autheurs ; *tu, vivendo, bonos,*
Comme on dit, *scribendo, sequare peritos.*

ALBERT.

Homme, ou demon, veux-tu m'entendre sans conteste ?

METAPHRASTE.

Quintilien en fait le precepte.

COMEDIE.
ALBERT.
La peste
Soit du causeur!
METAPHRASTE.
Et dit là-dessus doctement
Vn mot, que vous serez bien aise asseurément
D'entendre.
ALBERT.
Ie seray le diable qui t'emporte,
Chien d'homme. O! que je suis tenté d'étrâge sorte
De faire sur ce musle une application!
METAPHRASTE.
Mais, qui cause, Seigneur, vôtre inflammation?
Que voulez vous de moy?
ALBERT.
Ie veux que l'on m'écoute,
Vous ay-je dit vingt fois, quand je parle.
METAPHRASTE.
Ha! sans doute,
Vous serez satisfait, s'il ne tient qu'à cela.
Ie me tais.
ALBERT.
Vous ferez sagement.
METAPHRASTE.
Me voila.
Tout prest de vous oüyr.
ALBERT.
Tant mieux.
METAPHRASTE.
Que je trépasse,
Si je dis plus mot.
ALBERT.
Dieu vous en fasse la grace.

DEPIT AMOVREVX,

METAPHRASTE.
Vous n'accuserez point mon caquet desormais.

ALBERT.
Ainsi soit-il.

METAPHRASTE.
Parlez quand vous voudrez.

ALBERT.
J'y vais.

METAPHRASTE.
Et n'apprehendez plus l'interruption nostre.

ALBERT.
C'est assez dit.

METAPHRASTE.
Ie suis exact plus qu'aucun autre.

ALBERT.
Ie le croy.

METAPHRASTE.
I'ay promis que je ne dirois rien.

ALBERT.
Suffit.

METAPHRASTE.
Dés à present je suis muët.

ALBERT.
Fort bien.

METAPHRASTE.
Parlez : courage? au moins, je vous dône audience,
Vous ne vous plaindrez pas de mon peu de silence,
Ie ne desserre pas la bouche seulement.

ALBERT.
Le traistre !

METAPHRASTE.
Mais, de grace, achevez vistement ;
Depuis long temps j'écoute, il est bien raisônable
Que je parle à mon tour.

COMEDIE. 333
ALBERT.
Donc, bourreau detestable....
METAPHRASTE.
Hé! bonDieu! voulez-vous que j'écoute à jamais?
Partageons de parler, ou au moins je m'en vais.
ALBERT.
Ma patience est bien....
METAPHRASTE.
Quoy? voulez-vous poursuivre?
Ce n'est pas encore fait, *per Iouem* ! je suis yvre.
ALBERT.
Ie n'ay pas dit.....
METAPHRASTE.
Encor! bon Dieu! que de discour !
Rien n'est-il suffisant d'en arrester le cours?
ALBERT.
'enrage.
METAPHRASTE.
De rechef? ô! l'estrange torture!
Hé! laissez moy parler un peu, je vous conjure,
Vn sot qui ne dit mot ne se distingue pas
D'un sçavant personnage qui se taist.
ALBERT *s'en allant.*
Parbleu, tu te tairas.
METAPHRASTE.
D'où vient fort à propos. cette sentence expresse
D'un Philosophe, Parle afin qu'on te connoisse.
Doncques si de parler le pouvoir m'est osté,
Pour moy, j'ayme autant perdre aussi l'humanité;
Et changer mon Essence en celle d'une beste.
Me voilà pour huict jours avec un mal de teste.
O! que les grands parleurs sont par moy detestez
Mais quoy! si les sçavans ne sont point écoutez,

Si l'on veut que toûjours ils ayent la bouche close,
Il faut donc renverser l'ordre de chaque chose;
Que les poules dans peu devorent les renards;
Que les jeunes enfans remontrent aux vieillards;
Qu'à poursuivre les loups les aguelets s'ébatent;
Qu'un fou fasse les loix; que les femmes côbattent;
Que par les criminels les Iuges soient jugez:
Et par les écoliers les Maistres fustigez;
Que le malade au sain presente le remede;
Que le lievre craintif..... misericorde, à l'ayde.

Albert luy vient sonner aux oreilles une cloche qui le fait fuir.

Fin du second Acte.

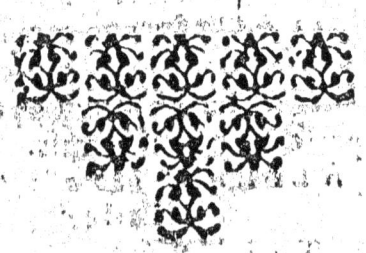

ACTE

COMEDIE.

ACTE III.

SCENE PREMIERE.

MASCARILLE.

LE Ciel par fois seconde un dessein teme-
  raire,
Et l'on sort comme on peut d'une méchante
  affaire.
Pour moy, qu'une imprudence a trop fait discou-
  rir,
Le remede plus prompt où j'ay sceu recourir,
C'est de pousser ma pointe, & dire en diligence
A nostre vieux patron toute la manigance.
Son fils qui m'embarasse est un évaporé :
L'autre, diable, disant ce que j'ay declaré,
Gâre une irruption sur nostre friperie :
Au moins, avant qu'on puisse échauffer sa furie,
Quelque chose de bon nous pourra succeder,
Et les vieillards entr'eux se pourront accorder.
C'est ce qu'on va tenter ; & de la part du nostre,
Sans perdre un seul moment, je m'en vay trouver
  l'autre.

SCENE II.

MASCARILLE, ALBERT.

ALBERT.

Qvi frape?
MASCARILLE.
Amis.
ALBERT.
Ho! ho! qui te peut amener?
Mascarille.
MASCARILLE.
Ie viens, Monsieur, pour vous donner
Le bon jour.
ALBERT.
Ha! vrayment, tu prends beaucoup de peine!
De tout mon cœur, bon jour.
MASCARILLE.
La replique est soudaine.
Quel homme brusque!
ALBERT.
Encor?
MASCARILLE.
Vous n'avez pas ouy,
Monsieur:
ALBERT.
Ne m'as-tu pas donné le bon jour?

COMEDIE.
MASCARILLE.
Ouy.
ALBERT.
Hé bien, bon jour, te dis-je.
MASCARILLE.
Ouy ; mais je viens encore
Vous saliier au nom du Seigneur Polidore.
ALBERT.
Ha ! c'est un autre fait. Ton maistre ta chargé
De me saliier ?
MASCARILLE.
Ouy.
ALBERT.
Ie luy suis obligé ;
Va, que je luy souhaite une joye infinie.
MASCARILLE.
Cét homme est ennemy de la ceremonie.
Ie n'ay pas achevé, Monsieur, son compliment,
Il voudroit vous prier d'une chose instamment.
ALBERT.
Hé bien ! quand il voudra je suis à son service.
MASCARILLE.
Attendez, & souffrez qu'en deux mots je finisse.
Il souhaite un moment pour vous entretenir
D'une affaire importante, & doit icy venir.
ALBERT.
Hé ? quelle est-elle encor l'affaire qui l'oblige
A me vouloir parler ?
MASCARILLE.
Vn grand secret, vous dis-je,
Qu'il vient de découvrir en ce mesme moment
Et qui, sans doute, importe à tous deux grandemét ;
Voila mon Ambassade.

P ij

SCENE III.

ALBERT.

Ô! Iuste Ciel! je tremble!
Car, enfin, nous avons peu de commerce ensemble.
Quelque tempeste va renverser mes desseins,
Et ce secret, sans doute, est celuy que je crains.
L'espoir de l'interest m'a fait quelque infidele,
Et voilà, sur ma vie, une tache éternelle;
Ma fourbe est découverte; ô! que la verité
Se peut cacher long-temps avec difficulté!
Et qu'il eust mieux valu, pour moy, pour mon estime.
Suivre les mouvemens d'une peur legitime,
Par qui je me suis veu tenté plus de vingt fois,
De rendre à Polidore un bien que je luy dois,
De prevenir l'éclat où ce coup cy m'expose,
Et faire qu'en douceur passast toute la chose.
Mais, helas! c'en est fait, il n'est plus de saison,
Et ce bien par la fraude entré dans maison
N'en sera point tiré, que dans cette sortie
Il n'entraisne du mien la meilleure partie.

SCENE IV.

ALBERT, POLIDORE.

POLIDORE.

S'Estre ainsi marié sans qu'on en ait sceu rien !
Puisse cette action se terminer à bien :
Ie ne sçay qu'en attendre, & je crains fort du pere
Et la grande richesse, & la juste colere.
Mais je l'apperçoy seul.

ALBERT.
Dieu, Polidore vient !

POLIDORE.
Ie tremble à l'aborder.

ALBERT.
La crainte me retient.

POLIDORE.
Par où luy débuter ?

ALBERT.
Quel sera mon langage ?

POLIDORE.
Son ame est toute émeuë.

ALBERT.
Il change de visage.

POLIDORE.
Ie voy, Seigneur Albert, au trouble de vos yeux
Que vous sçavez déja qui m'ameine en ces lieux.

ALBERT.
Helas ! oüy.

POLIDORE.
La nouvelle a droit de vous surprendre,
Et je n'eusse pas crû ce que je viens d'apprendre.
ALBERT.
I'en doy rougir de honte, & de confusion.
POLIDORE.
Ie trouve condamnable une telle action,
Et je ne pretens point excuser le coupable.
ALBERT.
Dieu fait misericorde au pecheur miserable.
POLIDORE.
C'est ce qui doit par vous estre consideré.
ALBERT.
Il faut estre Chrestien.
POLIDORE.
                 Il est tres-asseuré.
ALBERT.
Grace, au nom de Dieu, grace, ô Seigneur Polidore.
POLIDORE.
Eh! c'est moy qui de vous presentement l'implore.
ALBERT.
Afin de l'obtenir je me jette à genoux.
POLIDORE.
Ie dois en cét estat estre plûtost que vous.
ALBERT.
Prenez quelque pitié de ma triste avanture.
POLIDORE.
Ie suis le suppliant dans une telle injure.
ALBERT.
Vous me fendez le cœur avec cette bonté.
POLIDORE.
Vous me rendez confus de tant d'humilité.
ALBERT.
Pardon, encore un coup.

COMEDIE.
POLIDORE.
Helas! pardon, vous mesme.
ALBERT.
J'ay de cette action une douleur extrême.
POLIDORE.
Et moy, j'en suis touché de mesme au dernier point.
ALBERT.
J'ose vous convier qu'elle n'éclate point.
POLIDORE.
Helas, Seigneur Albert, je ne veux autre chose.
ALBERT.
Conservons mon honneur.
POLIDORE.
Hé! ouy, je m'y dispose.
ALBERT.
Quant au bien qu'il faudra, vous mesme en resou-
(drez.
POLIDORE.
Ie ne veux de vos biens que ce que vous voudrez :
De tous ces interests je vous feray le maistre,
Et je suis trop content si vous le pouvez estre.
ALBERT.
Ha! quel homme de Dieu! quel excez de douceur!
POLIDORE.
Quelle douceur, vous mesme, apres un tel mal-heur!
ALBERT.
Que puissiez-vous avoir toutes choses prosperes.
POLIDORE.
Le bon Dieu vous maintienne.
ALBERT.
Embrassons-nous en freres.
POLIDORE.
J'y consens de grand cœur; & me réjoüis fort
Que tout soit terminé par un heureux accord.

ALBERT.
J'en rends graces au Ciel.
POLIDORE.
Il ne vous faut rien feindre,
Voſtre reſſentiment me donnoit lieu de craindre;
Et Lucile tombée en faute avec mon fils,
Comme on vous voit puiſſant, & de biens, & d'a-
ALBERT. [nus.
Hé! que parlez vous là de faute, & de Lucile?
POLIDORE.
Soit; ne commençons point un diſcours inutile,
Et veux bien que mon fils y trempe grandement,
Meſme, ſi cela fait à voſtre allegement.
J'avoüray qu'à luy ſeul en eſt toute la faute;
Que voſtre fils avoit une vertu plus haute,
Pour avoir jamais fait ce pas contre l'honneur,
Sans l'incitation d'un méchant ſuborneur;
Que le traiſtre a ſeduit ſa pudeur innocente,
Et de voſtre conduite ainſi deſtruit l'attente,
Puis que la choſe eſt faite, & que ſelon mes vœux,
Vn eſprit de douceur nous met d'accord tous deux,
Ne ramenteyons rien; & reparons l'offence
Par la ſolemnité d'une heureuſe alliance.
ALBERT. [prend?
O! Dieu, quelle mépriſe! & qu'eſt-ce qu'il m'ap-
Je rentre icy d'un trouble en un autre auſſi grand:
Dans ces divers tranſports je ne ſçay que répôdre,
Et, ſi je dis un mot, j'ay peur de me confondre.
POLIDORE.
A quoy penſez-vous là, Seigneur Albert?
ALBERT.
A rien:
Remettons, je vous prie, à tantoſt l'entretien:
Vn mal ſubit me prend qui veut que je vous laiſſe.

SCENE V.

POLIDORE.

IE lis dedans son ame, & voy ce qui le presse;
A quoy que sa raison l'eust déja disposé,
Son déplaisir n'est pas encore tout appaisé.
L'image de l'affront luy revient, & sa suite
Tasche à me déguiser le trouble qui l'agite.
Ie prens part à sa honte, & son deüil m'attendrit,
Il faut qu'un peu de temps remette son esprit :
La douleur trop contrainte aisément se redouble.
Voicy mon jeune fou d'où nous vient tout ce trouble.

SCENE VI.

POLIDORE, VALERE.

POLIDORE.

ENfin, le beau mignon, vos beaux déportemens
Troubleront les vieux jours d'un pere à tous
momens.

Tous les jours vous ferez de nouvelles merveilles;
Et nous n'aurons jamais autre chose aux oreilles.
VALERE.
Que fais-je tous les jours qui soit si criminel?
En quoy meriter tant le courroux paternel?
POLIDORE.
Ie suis un estrange homme, & d'une humeur terrible,
D'accuser un enfant si sage & si paisible.
Las! il vit comme un saint, & dedans la maison
Du matin jusqu'au soir il est en oraison.
Dire qu'il pervertit l'ordre de la nature,
Et fait du jour la nuit, ô! la grande imposture!
Qu'il n'a consideré pere, ny parenté,
En vingt occasions, horrible fausseté!
Que, de fraische memoire, un furtif hymenée
A la fille d'Albert a joint sa destinée,
Sans craindre de la suite un desordre puissant,
On le prend pour un autre, & le pauvre innocent
Ne sçait pas seulement ce que je luy veux dire!
Ha! chien, que j'ay receu du ciel pour mon martyre,
Te croiras-tu toûjours? & ne pourray-je pas,
Te voir estre une fois sage avant mon trépas.

VALERE seul.
D'où peut venir ce coup? mon ame embarassée
Ne voit que Mascarille où jetter sa pensée;
Il ne sera pas homme à m'en faire un aveu;
Il faut user d'adresse, & me contraindre un peu
Dans ce juste courroux.

SCENE VII.

MASCARILLE, VALERE.

VALERE.

Mascarille, mon pere
Que je viens de trouver sçait toute nostre affaire.

MASCARILLE.

Il la sçait ?

VALERE.

Ouy.

MASCARILLE.

D'où, diantre, a-t'il pû la sçavoir ?

VALERE.

Je ne sçay point sur qui ma conjoncture asseoir ;
Mais enfin d'un succez cette affaire est suivie
Dont j'ay tous les sujets d'avoir l'ame ravie.
Il ne m'en a pas dit un mot qui fust fâcheux ;
Il excuse ma faute, il approuve mes feux,
Et je voudrois sçavoir qui peut estre capable
D'avoir pû rendre ainsi son esprit si traitable.
Je ne puis t'exprimer l'aise que j'en reçoy.

MASCARILLE.

Et que me diriez-vous, Monsieur, si c'estoit moy,
Qui vous eust procuré cette heureuse fortune ?

VALERE.

Bon bon ; tu voudreis bien icy m'en donner d'une.

MASCARILLE.

C'est moy, vous dis-je, moy, dont le patron le sçait,
Et qui vous ay produit ce favorable effet.

VALERE.

Mais, là, sans te railler ?

MASCARILLE.

Que le diable m'emporte,
Si je fais raillerie, & s'il n'est de la sorte.

VALERE.

Et qu'il m'entraine, moy, si tout presentement
Tu n'en vas recevoir le juste payement.

MASCARILLE.

Ha! monsieur, qu'est-cecy ? je deffends la surprise.

VALERE.

C'est la fidelité que tu m'avois promise ?
Sans ma feinte jamais tu n'eusses avoüé
Le trait que j'ay bien crû que tu m'avois joüé.
Traistre, de qui la langue à causer trop habile
D'un pere contre moy vient d'échauser la bile,
Qui me perds tout à fait, il faut sans discourir
Que tu meures.

MASCARILLE.

Tout beau ; mon ame, pour mourir,
N'est pas en bon état. Daignez, je vous conjure,
Attendre le succez qu'aura cette avanture.
I'ay de fortes raisons qui m'ont fait réveler
Vn hymen que vous mesme aviez peine à celer ;
C'estoit un coup d'état, & vous verrez l'issuë
Côdamner la fureur que vous avez conceuë, (haits
Dequoy vous fâchez-vous ? pourveu que vos sou-
Se trouvent par mes soins plainement satisfaits,
Et voyent mettre à fin la contrainte où vous estes ?

VALERE.

Et si tous ces discours ne sont que des sornetes ?

COMEDIE.

MASCARILLE.
Toûjours serez-vous lors à temps pour me tuer.
Mais enfin mes projets pourront s'effectuer.
Dieu fera pour les siens, & content dans la suitte,
Vous me remercierez de ma rare conduite.

VALERE.
Nous verrons. Mais, Lucile....

MASCARILLE.
Alte ; son pere sort.

SCENE VIII.

VALERE, ALBERT, MASCARILLE.

ALBERT.
Plus je reviens du trouble où j'ay donc d'abord,
Plus je me sens picqué de ce discours estrange,
Sur qui ma peur prenoit un si dangereux change ;
Car Lucile soûtient que c'est une chanson,
Et m'a parlé d'un air à m'oster tout soupçon.
Ha! Monsieur, est-ce vous, de qui l'audace insigne,
Met en jeu mon honneur, & fait ce conte indigne.

MASCARILLE.
Seigneur Albert, prenez un ton un peu plus doux,
Et contre vostre gendre ayez moins de couroux.

ALBERT.
Comment gendre, coquin ? tu portes bien la mine

De pousser les ressorts d'une telle machine,
Et d'en avoir esté le premier inventeur.
MASCARILLE.
Ie ne voy rien icy à vous mettre en fureur.
ALBERT.
Trouve tu beau, dy-moy, de diffamer ma fille?
Et faire un tel scandale à toute une famille.
MASCARILLE.
Le voila prest de faire en tout vos volontez.
ALBERT.
Que voudrois-je, sinon qu'il dit des veritez?
Si quelque intention le pressoit pour Lucile,
La recherche en pouvoit estre honneste & civile;
Il falloit l'attaquer du costé du devoir,
Il falloit de son pere implorer le pouvoir,
Et non pas recourir à cette lâche feinte,
Qui porte à la pudeur une sensible atteinte.
MASCARILLE.
Quoy! Lucile, n'est pas sous des liens secrets
A mon maistre?
ALBERT.
Non, traistre, & n'y sera iamais.
MASCARILLE.
Tout doux; & s'il est vray que ce soit chose faite,
Voulez-voulez l'approuver cette chaisne secrette?
ALBERT.
Et, s'il est constant, toy, que cela ne soit pas,
Veux tu te voir casser les jambes & les bras?
VALERE.
Monsieur, il est aisé de vous faire paroistre
Qu'il dit vray.
ALBERT.
Bon, voila l'autre, encor digne maistre,
D'un semblable valet. O! les menteurs hardis!

COMEDIE.

MASCARILLE.
D'homme d'honneur, il est ainsi que je le dis.
VALERE.
Quel seroit nostre but de vous en faire accroire?
ALBERT.
Ils s'entendent tous deux comme larrons en foire.
MASCARILLE.
Mais venons à la preuve, & sans nous quereller:
Faites sortir Lucile & la laissez parler.
ALBERT.
Et si le démenty par elle vous en reste?
MASCARILLE.
Elle n'en fera rien, Monsieur, je vous proteste.
Promettez à leurs vœux vostre consentement,
Et je veux m'exposer au plus dur châtiment.
Si de sa propre bouche elle ne vous confesse,
Et la foy qui l'engage, & l'ardeur qui la presse.
ALBERT.
Il faut voir cette affaire.
MASCARILLE.
Allez, tout ira bien.
ALBERT.
Hola, Lucile, un mot.
VALERE.
Je crains.
MASCARILLE.
Ne craignez rien.

SCENE IX.

VALERE, ALBERT, MASCARILLE, LVCILE.

MASCARILLE.

Seigneur Albert, au moins, silence. Enfin, Madame,
Toute chose conspire au bon-heur de vôtre ame,
Et Monsieur voſtre pere averty de vos feux
Vous laiſſe voſtre Epoux, & confirme vos vœux;
Pourveu que banniſſant toutes craintes frivoles,
Deux mots de voſtre aveu confirment nos paroles.

LVCILE.
Que me vient donc conter ce coquin aſſuré?

MASCARILLE.
Bon, me voila déja d'vn beau titre honoré.

LVCILE.
Sçachons un peu, Monſieur, quelle belle saillie
Fait ce conte galand qu'aujourd'huy l'on publie.

VALERE.
Pardon, charmant objet, un valet a parlé,
Et j'ay veu malgré moy noſtre hymen revelé.

LVCILE.
Noſtre hymen.

VALERE.
On ſçait tout, adorable Lucile,
Et vouloir déguiſer eſt un ſoin inutile.

COMEDIE. 351
LVCILE.
Quoy! l'ardeur de mes feux vous a fait mon Epoux?
VALERE.
C'est un bien qui me doit faire mille jaloux;
Mais j'impute bien moins ce bon-heur de ma flame,
A l'ardeur de vos feux, qu'aux bontez de vôtre ame.
Ie sçay que vous avez sujet de vous fascher;
Que c'estoit un secret que vous vouliez cacher,
Et j'ay de mes transports forcé la violence,
A ne point violer vostre expresse deffence :
Mais......
MASCARILLE.
Et bien, ouy, c'est moy; le grand mal que voilà?
LVCILE.
Est-il une imposture égale à celle-là?
Vous l'osez soûtenir en ma presence mesme,
Et pensez m'obtenir par ce beau stratagesme.
O! le plaisant amant! dont la galante ardeur,
Veut blesser mon honneur au défaut de mon cœur,
Et que mon pere émeu de l'éclat d'un sot conte,
Paye avec mon hymen qui me couvre de honte.
Quand tout contribueroit à vostre passion,
Mon pere, les destins, mon inclination,
On me verroit combattre en ma juste colere.
Mon inclination, les destins, & mon pere;
Perdre mesme le jour avant que de m'unir,
A qui par ce moyen auroit creu m'obtenir.
Allez; & si mon sexe avecque bien-seance,
Se pouvoit emporter à quelque violence,
Ie vous apprendrois bien à me traitter ainsi.
VALERE.
C'en est fait son couroux ne peut estre adoucy.
MASCARILLE.
Laissez-moy luy parler. Eh! Madame, de grace,

DEPIT AMOVREVX,

A quoy bon maintenant toute cette grimace?
Quelle est vostre pensée? & quel bouru transport,
Contre vos propres vœux vous fait roidir si fort?
Si Monsieur vostre Pere estoit homme farouche,
Passe: mais il permet que la raison le touche,
Et luy mesme m'a dit qu'une confession
Vous va tout obtenir de son affection.
Vous sentez, je croy bien, quelque petite honte,
A faire un libre aveu de l'amour qui vous dompte:
Mais s'il vous a fait perdre un peu de liberté,
Par un bon mariage on voit tout rajusté;
Et, quoy que l'on reproche au feu qui vous con-
  somme,
Le mal n'est pas si grand que de tuer un homme.
On sçait que la chair est fragile quelquefois,
Et qu'une fille enfin n'est ny caillou ny bois.
Vous n'avez pas esté sans doute la premiere,
Et vous ne serez-pas, que je croy, la derniere.

LVCILE.
Quoy! vous pouvez oüir ces discours effrontez!
Et vous ne dites mot à ces indignitez!

ALBERT.
Que veux-tu que je die? une telle avanture,
Me met tout hors de moy.

MASCARILLE.
     Madame, je vous jure,
Que des-ja vous devriez avoir tout confessé.

LVCILE.
Et quoy donc confesser?

MASCARILLE.
     Quoy? ce qui s'est passé
Entre mon Maistre & vous; la belle raillerie!

LVCILE.
Et que s'est-il passé, monstre d'effronterie

COMEDIE.

Entre ton maiſtre & moy?
MASCARILLE.
Vous devez, que je croy,
En ſçavoir un peu plus de nouvelle que moy,
Et pour vous cette nuit fut trop douce, pour croire
Que vous puiſſiez ſi viſte en perdre la memoire.
LVCILE.
C'eſt trop ſouffrir, mon pere, un impudent valet.

SCENE X.

VALERE, MASCARILLE, ALBERT.

MASCARILLE.
Ie croy qu'elle me vient de donner un ſoufflet.
ALBERT.
Va, coquin, ſcelerat, ſa main vient ſur ta jouë,
De faire une action dont ſon pere la louë.
MASCARILLE.
Et, nonobſtant cela qu'un diable en cét inſtant
M'emporte, ſi j'ay dit rien que de tres-conſtant.
ALBERT.
Et nonobſtant cela qu'on me coupe une oreille,
Si tu portes fort loin une audace pareille.
MASCARILLE.
Voulez-vous deux témoins qui me juſtifieront ?

ALBERT.
Veux-tu deux de mes gens qui te baſtonneront.
MASCARILLE.
Leur rapport doit au mien donner toute creance.
ALBERT.
Leurs bras peuvent du mien reparer l'impuiſſance.
MASCARILLE.
Ie vous dis que Lucile agit par honte ainſi.
ALBERT.
Ie te dis que j'auray raiſon de tout cecy.
MASCARILLE.
Connoiſſez-vous Ormin ce gros Notaire habile ?
ALBERT.
Connois tu bien Grimpant le bourreau de la ville?
MASCARILLE.
Et Simon le Tailleur jadis ſi recherché ?
ALBERT.
Et la potence miſe au milieu du marché.
MASCARILLE.
Vous verrez confirmer par eux cét hymenée.
ALBERT.
Tu verras achever par eux ta deſtinée.
MASCARILLE.
Ce ſõt eux qu'ils ont pris pour témoins de leur foy.
ALBERT.
Ce ſont eux qui dans peu me vangeront de toy.
MASCARILLE.
Et ces'yeux les ont veu s'entredonner parole.
ALBERT.
Et ces yeux te verront faire la capriole.
MASCARILLE.
Et, pour ſigne, Lucile avoit un voile noir.
ALBERT.
Et, pour ſigne, ton front nous le fait aſſez voir.

COMEDIE. 355
MASCARILLE.
O! l'obstiné vieillard!
ALBERT.
O! le fourbe damnable!
Va, rend grace à mes ans qui me font incapable,
De punir sur le champ l'affront que tu me fais;
Tu n'en perds que l'attente, & je te le promets.

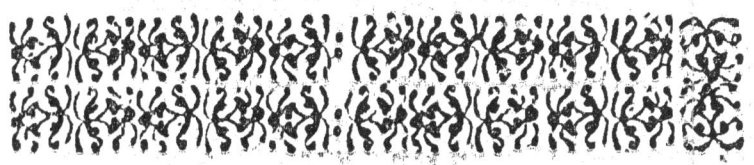

SCENE XI.

VALERE, MASCARILLE.

VALERE.

HE bien! ce beau succez que tu devois produi-
re......
MASCARILLE.
I'entens à demy mot ce que vous voulez dire;
Tout s'arme contre moy, pour moy de tous costez,
Ie voy coups de baston, & gibets apprestez:
Aussi, pour estre en paix dans ce desordre extréme,
Ie me vais d'un rocher precipiter moy-mesme,
Si, dans le desespoir dont mon cœur est outré,
Ie puis en rencontrer d'assez haut à mon gré.
Adieu, Monsieur.
VALERE.
Non, non, ta fuite est superfluë,
Si tu meurs, je pretends que ce soit à ma veuë.

MASCARILLE.
Ie ne sçaurois mourir quand je suis regardé,
Et mon trépas ainsi se verroit retardé.
VALERE.
Suy-moy, traistre, suy-moy; mon amour en furie,
Te fera voir si c'est matiere à raillerie.
MASCARILLE.
Malheureux Mascarille! à quels maux aujourd'huy
Te vois-tu condamné pour le peché d'autruy!

Fin du troisième Acte.

ACTE IV.

SCENE PREMIERE.

ASCAGNE, FROSINE.

FROSINE.
L'Avanture est facheuse.
ASCAGNE.
Ah! ma chere Frosine,
Le sort absolument a conclu ma ruine ;
Cette affaire venuë au point où la voila
N'est pas asseurément pour en demeurer là ;
Il faut qu'elle passe outre ; & Lucile, & Valere,
Surpris des nouveautez d'un semblable mystere,
Voudront chercher un jour dans ces obscuritez,
Par qui tous mes projets se verront avortez.
Car, enfin, soit qu'Albert ait part au stratagesme,
Ou qu'avec tout le monde on l'ait trompé luy-mesme ;
S'il arrive une fois que mon sort éclaircy
Mette ailleurs tout le bien dont le sien a grossi,
Iugez s'il aura lieu de souffrir ma presence :
Son interest détruit, me laisse à ma naissance ;
C'est fait de sa tendresse, & quelque sentiment
Où pour ma fourbe alors put estre mon amant,
Voudra-t'il avoüer pour épouse une fille
Qu'il verra sans appuy de biens & de famille ?

FROSINE.

Ie trouve que c'est là raisonné comme il faut.
Mais ces reflections devoient venir plustost.
Qui vous a jusques icy caché cette lumiere ?
Il ne falloit pas estre une grande sorciere,
Pour voir, dés le moment de vos desseins pour luy,
Tout ce que vôtre esprit ne voit que d'aujourd'huy
L'action le disoit ; & dés que je l'ay sçeuë,
Ie n'en ay preveu guere une meilleure issuë.

ASCAGNE.

Que dois-je faire enfin? mon trouble est sans pareil:
Mettez vous en ma place & me donnez conseil.

FROSINE.

Ce doit estre à vous mesme, en prenant vostre place,
A me donner conseil dessus cette disgrace :
Car je suis maintenant vous, & vous estes moy;
Conseillez-moy, Frosine, au poinct où je me voy;
Quel remede trouver ? dites, je vous en prie.

ASCAGNE.

Helas! ne traittez point cecy de raillerie;
C'est prendre peu de part à mes cuisans ennuis,
Que de rire, & de voir les termes où j'en suis.

FROSINE.

Non vrayment, tout de bon; vostre ennuy m'est sensible,
Et pour vous en tirer je ferois mon possible.
Mais, que puis-je aprés tout? je voy fort peu de jour
A tourner cette affaire au gré de vostre amour.

ASCAGNE.

Si rien ne peut m'ayder, il faut donc que je meure.

FROSINE.

Ha! pour cela toûjours il est assez bonne heure;
La mort est un remede à trouver quand on veut,
Et l'on s'en doit servir le plus tard qu'on peut.

ASCAGNE.

COMÉDIE.   359
ASCAGNE.
Non, non, Frosine, non; si vos conseils propices
Ne conduisent mon sort parmy ces précipices,
Ie m'abandonne tout aux traits du desespoir.
FROSINE.
Sçavez-vous ma pensée ? il faut que j'aille voir
La......mais Eraste vient qui pourroit nous distraire,
Nous pourrons en marchant parler de cette affaire;
Allons, retirons-nous.

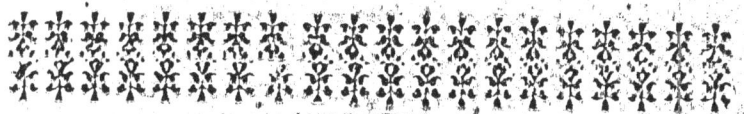

SCENE II.

ERASTE, GROS-RENE'.

ERASTE.

ENcore rebuté ?
GROS-RENE'.
Iamais Ambassadeur ne fut moins écouté :
A peine ay-je voulu luy porter la nouvelle
Du moment d'entretien que vous souhaitiez d'elle,
Qu'elle m'a répondu tenant son quant-à-moy,
Va, va ; je fais état de luy, comme de toy :
Dis-luy qu'il se promene ; & sur ce beau langage,
Pour suivre son chemin m'a tourné le visage :
Et Marinette aussi, d'un dédaigneux museau,
Lâchant un, laisse-nous, beau valet de carreau,
M'a planté là comme elle, & mon sort & le vôtre
N'ont rien à se pouvoir reprocher l'un à l'autre.

Q

ERASTE.

L'ingrate! recevoir avec tant de fierté
Le prompt retour d'un cœur justement emporté!
Quoy! le premier transport d'un amour qu'ô abusé
Sous tant de vray-semblance est indigne d'excuse?
Et ma plus vive ardeur en ce moment fatal
Devoit estre insensible au bon-heur d'un rival?
Tout autre n'eust pas fait mesme chose en ma place?
Et se fut moins laissé surprendre à tant d'audace?
De mes justes soupçons suis-je sorty trop tard?
Ie n'ay point attendu de sermens de sa part;
Et, lors que tout le monde encor ne sçait qu'en
   croire,
Ce cœur impatient luy rend toute sa gloire,
Il cherche à s'excuser, & le sien voit si peu
Dans ce profond respect la grandeur de mon feu?
Loin d'asseurer une ame, & luy fournir des armes,
Contre ce qu'un rival luy veut donner d'alarmes,
L'ingrate m'abandonne à mon jaloux transport,
Et rejette de moy, message, écrit, abord?
Ha! sans doute, un amour a peu de violence,
Qu'est capable d'éteindre une si foible offence,
Et ce dépit si prompt à s'armer de rigueur
Découvre assez pour moy tout le fond de son cœur,
Et de quel prix doit estre à present à mon ame
Tout ce dont son caprice a pû flater ma flame.
Non, je ne pretends plus demeurer engagé,
Pour un cœur, où je voy le peu de part que j'ay;
Et, puis que l'on témoigne une froideur extréme
A conserver les gens, je veux faire de mesme.

GROS-RENE'.

Et moy de mesme aussi: soyons tous deux fâchez,
Et mettons nostre amour au rang des vieux péchez;

COMEDIE.

Il faut apprendre à vivre à ce sexe volage,
Et luy faire sentir que l'on a du courage.
Qui souffre ses mépris les veut bien recevoir.
Si nous avions l'esprit de nous faire valoir,
Les femmes n'auroient pas la parole si haute.
O! qu'elles nous sont bien fieres par nostre faute!
Ie veux estre pendu, si nous ne les verrions
Sauter à nostre cou plus que nous ne voudrions,
Sans tous ces vils devoirs, dont la pluspart des hommes
Les gâtent tous les jours dās le siecle où nous sommes.

ERASTE.

Pour moy, sur toute chose, un mépris me surprend;
Et, pour punir le sien par un autre aussi grand,
Ie veux mettre en mon cœur une nouvelle flame.

GROS-RENE'.

Et moy, je ne veux plus m'embarasser de femme;
A toutes je renonce, & crois, en bonne foy,
Que vous feriez fort bien de faire comme moy.
Car, voyez-vous? la femme est, comme on dit, mon maistre,
Vn certain animal difficile à connaistre,
Et de qui la nature est fort encline au mal ;
Et comme un animal est toûjours animal,
Et ne sera jamais qu'animal, quand sa vie
Dureroit cent mil ans ; aussi, sans repartie,
La femme est toûjours femme, & jamais ne sera
Que femme, tant qu'entier le monde durera.
D'où vient qu'un certain Grec dit, que sa teste passe
Pour un sable mouvant: car, goûtez bien, de grace,
Ce raisonnement-cy, lequel est des plus forts:
Ainsi que la teste est comme le chef du corps,
Et que le corps sans chef est pire qu'une beste;
Si le chef n'est pas bien d'accord avec la teste,

Q ij

Que tout ne soit pas bien reglé par le compas,
Nous voyons arriver de certains embarras ;
La partie brutale alors veut prendre empire
Dessus la sensitive, & l'on voit que l'un tire
A dia, l'autre à hurhaut ; l'un demande du mou,
L'autre du dur ; enfin tout va sans sçavoir où :
Pour montrer qu'icy bas, ainsi qu'on l'interprete,
La teste d'une femme est comme la girouette
Au haut d'une maison, qui tourne au premier vent.
C'est pourquoy, le cousin Aristote souvent
La compare à la mer ; d'où vient qu'on dit qu'au
   monde
On ne peut rien trouver de si stable que l'onde.
Or, par comparaison ; car la comparaison
Nous fait distinctement comprendre une raison,
Et nous aimons bien mieux, nous autres gens d'é-
Vne comparaison qu'une similitude.   [tude,
Par comparaison donc, mon maistre, s'il vous plaist,
Comme on voit que la mer, quád l'orage s'accroist,
Vient à se courroucer, le vent souflé, & ravage,
Les flots contré les flots font un remu-menage
Horrible, & le vaisseau, malgré le Nautonier,
Va tantost à la cave, & tantost au grenier ;
Ainsi, quand une femme a sa teste fantasque,
On voit une tempeste en forme de bourasque,
Qui veut competiter par de certains....propos ;
Et lors un....certain vent, qui par...de certains flots
De...certaine façon, ainsi qu'un banc de sable...,
Quand...les femmes enfin ne valent pas le diable.

            ERASTE.

C'est fort bien raisonner.

            GROS-RENE'.

                 Assez bien, Dieu mercy :
Mais je les voy, Monsieur, qui passent par icy.
Tenez-vous ferme au moins.

COMEDIE.

ERASTE.
Ne te mets pas en peine.
GROS-RENE'.
I'ay bien peur que ses yeux resserrent vostre chaîne.

SCENE III.

ERASTE, LVCILE, MARINETTE, GROS-RENE'.

MARINETTE.
IE l'aperçois encor, mais ne vous rendez point.
LVCILE.
Ne me soupçonne pas d'estre foible à ce point.
MARINETTE.
Il vient à nous.
ERASTE.
Non, non, ne croyez pas, Madame,
Que je revienne encor vous parler de ma flâme ;
C'en est fait ; je me veux guerir, & connois bien
Ce que de vostre cœur a possedé le mien.
Vn courroux si constant pour l'ombre d'une offence
M'a trop bien éclairé de vostre indifference,
Et je dois vous montrer que les traits du mépris
Sont sensibles sur tout aux genereux esprits.
Ie l'avoüeray, mes yeux observoiét dans les vostres
Des charmes qu'ils n'ont point trouvez dans tous
    les autres,

Q iij

Et le ravissement où j'estois de mes fers
Les auroit preferez à des sceptres offerts :
Ouy, mon amour pour vous, sans doute, estoit extréme,
Ie virois tout en vous ; &, je l'avoüeray mesme,
Peut-estre qu'apres tout j'auray, quoy qu'outragé,
Assez de peine encore à m'en voir dégagé :
Possible, que, malgré la cure qu'elle essaye,
Mon ame saignera long-temps de cette playe,
Et qu'affranchy d'un joug qui faisoit tout mõ bien,
Il faudra se resoudre à n'aimer jamais rien.
Mais, enfin, il n'importe ; &, puis que vostre haine
Chasse un cœur tant de fois que l'amour vous rameine,
C'est la derniere icy des importunitez
Que vous aurez jamais de mes vœux rebutez.

LVCILE.

Vous pouvez faire aux miens la grace toute entiere,
Monsieur, & m'épargner encor cette derniere.

ERASTE.

Hé bien, Madame, hé bien, ils seront satisfaits :
Ie romps avecque vous, & j'y romps pour jamais,
Puisque vous le voulez ; que je perde la vie
Lors que de vous parler je reprendray l'envie.

LVCILE.

Tant mieux ; c'est m'obliger.

ERASTE.

        Non, non ; n'ayez pas peur,
Que je fausse parole ; eussay-je un foible cœur
Iusques à n'en pouvoir effacer vostre image,
Croyez que vous n'aurez jamais cét avantage,
De me voir revenir.

LVCILE.

        Ce seroit bien en vain.

COMEDIE.

ERASTE.
Moy-mesme, de cent coups je percerois mon sein,
Si j'avois jamais fait cette bassesse insigne,
De vous revoir, apres ce traitement indigne.

LVCILE.
Soit; n'en parlons donc plus.

ERASTE.
Ouy, ouy ; n'en parlons plus:
Et, pour trancher icy tous propos superflus,
Et vous donner, ingrate, une preuve certaine,
Que je veux sans retour sortir de vostre chaisne,
Ie ne veux rien garder, qui puisse retracer
Ce que de mon esprit il me faut effacer.
Voicy vostre portrait, il presente à la veuë
Cét charmes merveilleux dôt vous estes pourveuë,
Mais il cache sous eux cent deffauts aussi grands,
Et c'est un imposteur enfin que je vous rends.

GROS-RENE'.
Bon.

LVCILE.
Et moy, pour vous suivre au dessein de tout rendre;
Voila le diamant que vous m'aviez fait prendre.

MARINETTE.
Fort bien.

ERASTE.
Il est à vous encor ce bracelet.

LVCILE.
Et cette Agathe à vous qu'on fit mettre en cacher.

ERASTE lit.
Vous m'aimez d'une amour extrême,
Eraste; & de mon cœur voulez estre éclaircy ;
Si je n'aime Eraste de mesme,
Au moins, aimay-je fort qu'Eraste m'aime ainsi.

ERASTE continuë.

Vous m'asseuriez par là d'agréer mon service ?
C'est une fausseté digne de ce supplice.

LVCILE lit.

J'ignore le destin de mon amour ardente
  Et jusqu'à quand je souffriray :
  Mais je sçais, ô beauté charmante,
  Que toûjours je vous aimeray.

ERASTE.

Elle continuë.

Voila qui m'asseuroit à jamais de vos feux ?
Et la main, & la lettre, ont menty toutes deux.

GROS-RENE'.

Poussez.

ERASTE.

Elle est de vous ? suffit ; mesme fortune.

MARINETTE.

Ferme.

LVCILE.

J'aurois regret d'en épargner aucune.

GROS-RENE'.

N'ayez pas le dernier.

MARINETTE.

Tenez-bon jusqu'au bout.

LVCILE.

Enfin, voila le reste.

ERASTE.

Et, grace au Ciel, c'est tout.
Que sois-je exterminé, si je ne tiens parole.

LVCILE.

Me confonde le Ciel, si la mienne est frivole.

ERASTE.

Adieu donc.

LVCILE.

Adieu donc.

COMEDIE.

MARINETTE.
Voila qui va des mieux.
GROS-RENE'.
Vous triomphez.
MARINETTE.
Allons, ostez-vous de ses yeux.
GROS-RENE'.
Retirez-vous, apres cét effort de courage.
MARINETTE.
Qu'attendez-vous encor?
GROS-RENE'.
Que faut-t'il davantage?
ERASTE.
Ha! Lucile, Lucile, un cœur comme le mien
Se fera regreter, & je le sçay fort bien.
LVCILE.
Eraste, Eraste, un cœur fait comme est fait le vostre
Se peut facilement réparer par un autre.
ERASTE.
Non, nó, cherchez par tout, vous n'en aurez jamais
De si passionné pour vous, je vous promets.
Ie ne dis pas cela pour vous rendre attendrie ;
I'aurois tort d'en former encore quelque envie,
Mes plus ardens respects n'ont pû vous obliger,
Vous avez voulu rompre ; il n'y faut plus songer :
Mais personne apres moy, quoy qu'on vous fasse
 entendre,
N'aura jamais pour vous de passion si tendre.
LVCILE.
Quand on aime les gẽns, on les traite autrement,
On fait de leur personne un meilleur jugement.
ERASTE.
Quand on aime les gens, on peut de jalousie,
Sur beaucoup d'apparence, avoir l'ame saisie :

Q v

Mais alors qu'on les aime, on ne peut en effet
Se resoudre à les perdre, & vous, vous l'avez fait.
LVCILE.
La pure jalousie est plus respectueuse.
ERASTE.
On voit d'un œil plus doux une offence amoureuse.
LVCILE.
Non, vostre cœur, Eraste, estoit ma' enflammé.
ERASTE.
Non, Lucile, jamais vous ne m'avez aimé.
LVCILE.
Eh! je croy que cela foiblement vous soucie :
Peut-estre en seroit-il beaucoup mieux pour ma vie,
Si je....mais laissons-là ces discours superflus :
Je ne dis point quels sont mes pensers là dessus.
ERASTE.
Pourquoy ?
LVCILE.
   Par la raison que nous rompons ensemble,
Et que cela n'est plus de saison ce me semble.
ERASTE.
Nous rompons ?
LVCILE.
   Ouy vrayment ? quoy ? n'en est-ce pas fait?
ERASTE.
Et vous voyez cela d'un esprit satisfait ?
LVCILE.
Comme vous.
ERASTE.
  Comme moy !
LVCILE.
    Sans doute, c'est foiblesse,
De faire voir aux gens que leur perte nous blesse,

COMEDIE.

ERASTE.
Mais, cruelle, c'eſt vous qui l'avez bien voulu.
LVCILE.
Moy! point du tout ; c'eſt vous qui l'avez reſolu.
ERASTE.
Moy! je vous ay crû là faire un plaiſir extrême.
LVCILE.
Point, vous avez voulu vous côtenter vous meſme.
ERASTE.
Mais, ſi mon cœur encor revouloit ſa priſon ?
Si, tout fâché qu'il eſt, il demandoit pardon ?....
LVCILE.
Non, non, n'en faites rien ma foibleſſe eſt trop
 grande,
J'aurois peur d'accorder trop toſt voſtre demande.
ERASTE.
Ha! vous ne pouvez pas trop toſt me l'accorder,
Ny moy ſur cette peur trop toſt le demander ;
Conſentez-y, Madame, une flame ſi belle,
Doit pour voſtre intereſt demeurer immortelle.
Ie le demande enfin : me l'accorderez-vous
Ce pardon obligeant ?
LVCILE.
Remenez-moy chez nous.

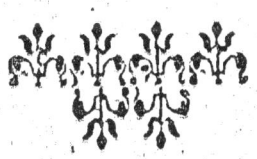

SCENE IV.

MARINETTE, GROS-RENÉ.

MARINETTE.
O! La lâche personne!
GROS-RENÉ.
Ha! le foible courage!
MARINETTE.
I'en rougis de dépit.
GROS-RENÉ.
I'en suis gonflé de rage:
Ne t'imagine pas que je me rende ainsi.
MARINETTE.
Et ne pense pas, toy, trouver ta dupe aussi.
GROS-RENÉ.
Vien, vien, froter ton nez auprès de ma colere.
MARINETTE.
Tu nous prends pour une autre, & tu n'a pas affaire
A ma sotte maistresse. Ardez le beau museau!
Pour nous donner envie encore de sa peau:
Moy, j'aurois de l'amour pour ta chienne de face!
Moy, je te chercherois! ma foy, l'on t'en fricasse
Des filles comme nous.
GROS-RENÉ.
Ouy? tu le prends par là?
Tien, tien, sans y chercher tant de façons, voila

COMEDIE.

Ton beau galand de neige, avec ta nompareille:
Il n'aura plus l'honneur d'estre sur mon oreille.
MARINETTE.
Et toy, pour te montrer que tu m'es à mépris,
Voila ton demy-cent d'épingles de Paris,
Que tu me donnas hier avec tant de fanfarre.
GROS-RENE'.
Tiens encor ton coûteau, la piece est riche & rare:
Il te coûta six blancs lors que tu m'en fis don.
MARINETTE.
Tien tes ciseaux, avec ta chaîsne de leton.
GROS-RENE'.
I'oubliois d'avant-hier ton morceau de fromage;
Tien; je voudrois pouvoir rejetter le potage
Que tu me fis manger, pour n'avoir rien à toy.
MARINETTE.
Ie n'ay point maintenant de tes lettres sur moy;
Mais j'en feray du feu jusques à la derniere.
GROS-RENE'.
Et des tiennes tu sçais ce que j'en sçauray faire?
MARINETTE.
Prend garde à ne venir jamais me reprier.
GROS-RENE'.
Pour couper tout chemin à nous rapatrier,
Il faut rompre la paille; Vne paille rompuë
Rend, entre gens d'honneur, Vne affaire concluë;
Ne fais point les doux yeux; je veux estre fâché.
MARINETTE.
Ne me lorgné point, toy; j'ay l'esprit trop touché.
GROS-RENE'.
Romps; voila le moyen de ne s'en plus dédire:
Romps; tu ris, bonne beste!
MARINETTE.
Ouy, car tu me fais rire.

GROS-RENE'.
La peste soit ton ris ; voila tout mon courroux
Déja dulcifié : qu'en dis-tu ? romprons nous ?
Ou ne romprons nous pas ?
MARINETTE.
     Voy.
GROS-RENE'.
      Voy toy.
MARINETTE.
      Voy toy-mesme.
GROS-RENE'.
Est-ce que tu consens que jamais je ne t'aime ?
MARINETTE.
Moy ? ce que tu voudras.
GROS-RENE'.
      Ce que tu voudras, toy.
Dy...
MARINETTE.
Je ne diray rien.
GROS-RENE'.
     Ny moy non plus.
MARINETTE.
      Ny moy.
GROS-RENE'.
Ma foy, nous ferons mieux de quitter la grimace ;
Touche, je te pardonne.
MARINETTE.
      Et moy je te fais grace.
GROS-RENE'.
Mon Dieu ! qu'à tes appas je suis acoquiné !
MARINETTE.
Que Marinette est sotte apres son Gros-René !

Fin du quatriéme Acte.

COMEDIE.

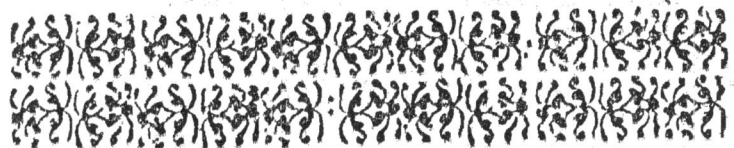

ACTE V.

SCENE PREMIERE.

MASCARILLE.

Dés que l'obscurité regnera dans la ville
Ie me veux introduire au logis de Lucile;
Va viste de ce pas preparer pour tantost,
Et la lanterne sourde, & les armes qu'il faut.
Quand il m'a dit ces mots, il m'a semblé d'entendre,
Va vistement chercher un licou pour te pendre.
Venez-ça, mon patron : car, dans l'étonnement
Où m'a jetté d'abord un tel commandement,
Ie n'ay pas eu le temps de vous pouvoir répondre;
Mais je vous veux icy parler, & vous confondre :
Deffendez-vous dóc bien, & raisonnons sans bruit.
Vous voulez, dites-vous, aller voir cette nuit
Lucile ? ouy, Mascarille. Et que pensez-vous faire?
Vne action d'amant qui se veut satisfaire,
Vne action d'un homme a fort petit cerveau,
Que d'aller sans besoin risquer ainsi sa peau ;
Mais tu sçais quel motif à ce dessein m'appelle :
Lucile est irritée. Et bien, tant pis pour elle,
Mais l'amour veut que j'aille appaiser son esprit.
Mais l'amour est un sot qui ne sçait ce qu'il dit :

Nous garantita-t'il cét amour, je vous prie,
D'un rival, ou d'un pere, ou d'un frere en furie?
Penses-tu qu'aucun d'eux songe à nous faire mal?
Ouy vrayment, je le pense; & sur tout, ce rival.
Mascarille, en tout cas, l'espoir où je me fonde,
Nous irons bien armez, & si quelqu'un nous gro͞nde,
Nous nous chamaillerons. Ouy, voila justement
Ce que vostre valet ne pretend nullement :
Moy chamailler! bon Dieu! suis-je un Roland?
 mon Maistre,
Ou quelque ferragu? c'est fort mal me connoistre,
Quand je viens à songer, moy qui me suis si cher,
Qu'il ne faut que deux doigts d'un miserable fer
Dans le corps, pour vous mettre un humain dans
 la biere,
Ie suis scandalisé d'une étrange maniere.
Mais tu seras armé de pied-en-cap. Tant pis ;
I'en seray moins leger à gaigner le taillis :
Et de plus, il n'est point d'armure si bien jointe,
Où ne puisse glisser une vilaine pointe.
Oh! tu seras ainsi tenu pour un poltron.
Soit; pourveu que toûjours je branle le menton :
A table contez-moy, si vous voulez, pour quatre ;
Mais contez-moy pour rien, s'il s'agit de se battre :
Enfin, si l'autre monde a des charmes pour vous,
Pour moy, je trouve l'air de celuy-cy fort doux ;
Ie n'ay pas grande faim de mort ny de blessure,
Et vous serez le sot tout seul, je vous asseure.

SCENE II.

VALERE, MASCARILLE.

VALERE.

IE n'ay jamais trouvé de jour plus ennuyeux :
Le soleil semble s'estre oublié dans les Cieux,
Et jusqu'au lit qui doit recevoir sa lumiere,
Ie voy rester encore une telle carriere,
Que je croy que jamais il ne l'achevera,
Et que de sa lenteur mon ame enragera.

MASCARILLE.

Et cét empressement pour s'en aller dans l'ombre,
Pescher viste à tastons quelque sinistre encombre.
Vous voyez que Lucile entiere en ses rebuts....

VALERE.

Ne me fais point icy de contes superflus.
Quand j'y devrois trouver cét embûches mortelles
Ie sens de son couroux des gesnes trop cruelles ;
Et je veux l'adoucir, ou terminer mon sort.
C'est un point resolu.

MASCARILLE.

I'approuve ce transport :
Mais le mal est, Monsieur, qu'il faudra s'introduire
En cachette.

VALERE.

Fort bien.

MASCARILLE.
Et j'ay peur de vous nuire.
VALERE.
Et comment?
MASCARILLE.
Vne toux me tourmente à mourir,
Dont le bruit importun vous fera découvrir :
De moment en moment.... Vous voyez le supplice.
VALERE.
Ce mal te passera, prend du jus de reglice.
MASCARILLE.
Ie ne croy pas, Monsieur, qu'il se veüille passer.
Ie serois ravy moy de ne vous point laisser :
Mais j'aurois un regret mortel, si j'estois cause
Qu'il fut à mon cher maistre arrivé quelque chose.

COMEDIE.

SCENE III.

VALERE, LA RAPIERE, MASCARILLE.

LA RAPIERE.
Monsieur, de bône part je viés d'estre informé,
Qu'Eraste est contre vous fortement animé;
Et qu'Albert parle aussi de faire pour sa fille
Roüer jambes & bras à vostre Mascarille.

MASCARILLE.
Moy, je ne suis pour rien dans tout cét embarras,
Qu'ay-je fait ? pour me voir roüer jambes & bras ?
Suis-je donc gardien, pour employer ce stile,
De la Virginité des filles de la ville ?
Sur la tentation ay-je quelque credit ?
Et puis-je, mais, chetif, si le cœur leur en dit.

VALERE.
O ! qu'ils ne seront pas si méchans qu'ils le disent !
Et quelque belle ardeur que ses feux luy produisér,
Eraste n'aura pas si bon marché de nous.

LA RAPIERE.
S'il vous faisoit besoin, mon bras est tout à vous,
Vous sçavez de tout temps que je suis un bô frere.

VALERE.
Ie vous suis obligé, Monsieur de la Rapiere.

LA RAPIERE.
J'ay deux amis aussi que je vous puis donner,
Qui contre tous venans sont gens à dégaîner,
Et sur qui vous pourrez prendre toute asseurance.
MASCARILLE.
Acceptez-les, Monsieur.
VALERE.
C'est trop de complaisance.
LA RAPIERE.
Le petit Gille encore eust pû nous assister,
Sans le triste accident qui vient de nous l'ôster.
Monsieur, le grand dommage! & l'homme de service
Vous avez sceu le tour que luy fit la Iustice?
Il mourut en Cesar, & luy cassant les os
Le bourreau ne luy pût faire lâcher deux mots.
VALERE.
Monsieur de la Rapiere, un homme de la sorte
Doit estre regreté; mais, quant à vostre escorte,
Ie vous rends grace.
LA RAPIERE.
Soit; mais soyez averty
Qu'il vous cherche, & vous peut faire un mauvais
party.
VALERE.
Et moy, pour vous môtrer combien je l'aprehende:
Ie luy veux, s'il me cherche, offrir ce qu'il demande:
Et par toute la ville aller presentement,
Sans estre accompagné que de luy seulement.
MASCARILLE.
Quoy! Monsieur, vous voulez tenter Dieu! qu'elle
audace!
Las! vous voyez tous deux côme l'on nous menace,
Combien de tous costez....

COMEDIE.
VALERE.
Que regardes-tu là ?
MASCARILLE.
C'est qu'il sent le baston du costé que voila.
Enfin, si maintenant ma prudence en est creuë,
Ne nous obstinons point à rester dans la ruë :
Allons nous renfermer.
VALERE.
Nous renfermer ! faquin,
Tu m'oses proposer un acte de coquin !
Sus, sans plus de discours, resous-toy de me suivre.
MASCARILLE.
Eh ! Monsieur, mon cher maistre, il est si doux de
  vivre !
On ne meurt qu'une fois, & c'est pour si lõg-temps!
VALERE.
Ie m'en vais t'assommer de coups, si je t'entends.
Ascagne vient icy; laissons-le; il faut attendre
Quel party de luy-mesme il resoudra de prendre,
Cependant avec moy vien prendre à la maison
Pour nous frotter.
MASCARILLE.
Ie n'ay nulle demangeaison.
Que maudit soit l'amour, & les filles maudites,
Qui veulent en tâter, puis font les chatemites.

SCENE IV.

ASCAGNE, FROSINE.

ASCAGNE.

Est-il bien vray, Frosine? & ne resvay-je point?
De grace, contez-moy bien tout de poinct en
poinct.

FROSINE.

Vous en sçaurez assez le détail ; laissez faire :
Ces sortes d'incidens ne sont pour l'ordinaire
Que redits trop de fois de moment en moment.
Suffit que vous sçachiez, qu'apres ce testament
Qui vouloit un garçon pour tenir sa promesse,
De la femme d'Albert la derniere grossesse
N'accoucha que de vous, & que luy dessous main
Ayant depuis long-temps concerté son dessein,
Fit son fils de celuy d'Ignes la bouquetiere,
Qui vous donna pour sienne à nourrir à ma mere.
La mort ayant ravy ce petit innocent
Quelques dix mois apres, Albert estant absent,
La crainte d'un Epoux, & l'amour maternelle,
Firent l'évenement d'une ruse nouvel e.
Sa femme en secret lors se rendit son vray sang ;
Vous devintes celuy qui tenoit vostre rang,
Et la mort de ce fils mis dans vostre famille
Se couvrit pour Albert de celle de sa fille.

COMEDIE.

Voila de voſtre ſort un myſtere éclaircy
Que voſtre feinte mere a caché juſqu'icy:
Elle en dit des raiſons, & peut en avoir d'autres,
Par qui ſes intereſts n'eſtoient pas tous les voſtres.
Enfin cette viſite où j'eſperois ſi peu,
Plus qu'on ne pouvoit croire, a ſervy voſtre feu.
Cette Ignes vous relâche; & par voſtre autre affaire
L'éclat de ſon ſecret devenu neceſſaire,
Nous en avons nous deux voſtre pere informé :
Vn billet de ſa femme a le tout confirmé,
Et pouſſant plus avant encore noſtre pointe,
Quelque peu de fortune a noſtre adreſſe jointe,
Aux intereſts d'Albert, de Polidore apres,
Nous avons ajuſté ſi bien les intereſts,
Si doucement à luy déplié ces myſteres,
Pour n'effaroucher pas d'abord trop les affaires,
Enfin, pour dire tout, mené ſi prudemment
Son eſprit pas à pas à l'accommodement,
Qu'autant que voſtre pere il monſtre de tendreſſe
A confirmer les nœuds qui font voſtre allegreſſe.

ASCAGNE.

Ha! Froſine, la joye où vous m'acheminez !....
Et que ne dois-je point à vos ſoins fortunez !

FROSINE.

Au reſte, le bon homme eſt en humeur de rire,
Et pour ſon fils encor nous deffend de rien dire.

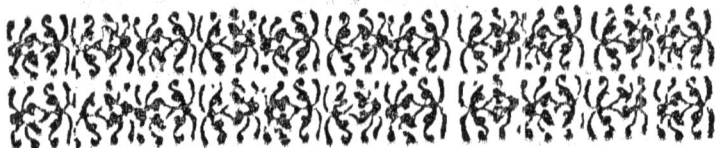

SCENE V.

ASCAGNE, FROSINE, POLIDORE.

POLIDORE.

Approchez-vous, ma fille, un tel nom m'est permis ;
Et j'ay sçeu le secret que cachoient ces habits.
Vous avez fait un trait, qui dans sa hardiesse
Fait briller tant d'esprit & tant de gentillesse,
Que je vous en excuse, & tiens mon fils heureux,
Quand il sçaura l'objet de ses soins amoureux.
Vous valez tout un mõde; & c'est moy qui d'asseure.
Mais le voicy ; prenons plaisir de l'avanture.
Allez faire venir tous vos gens promptement.

ASCAGNE.

Vous obeïr sera mon premier compliment.

SCENE VI.

MASCARILLE, POLIDORE, VALERE.

MASCARILLE.

Les disgraces souvent sont du Ciel revelées :
J'ay songé cette nuit de perles défilées,
Et d'œufs cassez, Monsieur, un tel songe m'abbat.
VALERE.
Chien de poltron !
POLIDORE.
Valere, il s'appreste un combat,
Où toute ta valeur te sera necessaire,
Tu vas avoir en teste un puissant adversaire.

MASCARILLE.

Et personne, Monsieur, qui se veüille bouger
Pour retenir des gens qui se vont égorger !
Pour moy je le veux bien ; mais au moins s'il arrive
Qu'un funeste accident de vôtre fils vous prive,
Ne m'en accusez point.
POLIDORE.
Non, non, en cét endroit,
Ie le pousse moy-mesme à faire ce qu'il doit.
MASCARILLE.
Pere dénaturé !

R

VALERE.

Ce sentiment, mon pere,
Est d'un homme de cœur, & je vous en revere.
J'ay dû vous offencer, & je suis criminel
D'avoir fait tout cecy sans l'aveu paternel ;
Mais, à quelque dépit que ma faute vous porte,
La nature toûjours se montre la plus forte ;
Et vôtre honneur fait bien, quand il ne veut pas
　voir
Que le transport d'Eraste ait dequoy m'émouvoir.

POLIDORE.

On me faisoit tantost redouter sa menace ;
Mais les choses depuis ont bien changé de face ;
Et, sans le pouvoir fuir, d'un ennemy plus fort
Tu vas estre attaqué.

MASCARILLE.

Point de moyen d'accord ?

VALERE.

Moy ! le fuir ! Dieu m'en garde. Et qui donc pour-
　roit-ce estre ?

POLIDORE.

Ascagne.

VALERE.

Ascagne ?

POLIDORE.

Ouy ; tu le vas voir paroistre.

VALERE.

Luy, qui de me servir m'avoit donné sa foy !

POLIDORE.

Ouy, c'est luy qui prétend avoir affaire à toy ;
Et qui veut, dans le champ où l'honneur vous ap-
　pelle,
Qu'un combat seul à seul vuide vostre querelle.

AMOVREVX.

MASCARILLE.
C'est un brave homme, Il sçait que les cœurs ge-
  nereux
Ne mettent point les gens en compromis pour eux.

POLIDORE.
Enfin d'une imposture ils te rendent coupable,
Dont le ressentiment m'a paru raisonnable;
Si bien qu'Albert & moy sommes tombez d'accord,
Que tu satisferois Ascagne sur ce tort :
Mais aux yeux d'un châcun, & sans nulles remises,
Dans les formalitez en pareil cas requises.

VALERE.
Et Lucile, mon pere, a d'un cœur endurcy !....

POLIDORE.
Lucile épouse Eraste, & te condamne aussi :
Et, pour convaincre mieux tes discours d'injustice,
Veut qu'à tes propres yeux cét hymen s'accom-
  plisse.

VALERE.
Ha! c'est une impudence à me mettre en fureur :
Elle a donc perdu sens, foy, conscience, honneur ?

SCENE VII.

MASCARILLE, LVCILE, ERASTE, POLIDORE, ALBERT, VALERE.

ALBERT.
HE' bien? les combattans? on ameine le nôtre.
Avez-vous disposé le courage du vôtre?
VALERE.
Ouy, ouy, me voila prest, puis qu'ô m'y veut forcer,
Et, si j'ay pû trouver sujet de balancer,
Vn reste de respect en pouvoit estre cause,
Et non pas la valeur du bras que l'on m'oppose.
Mais c'est trop me pousser, ce respect est à bout;
A toute extremité mon esprit se resout,
Et l'on fait voir un trait de perfidie étrange,
Dont il faut hautement que mon amour se vange:
Non pas que cét amour prétende encore à vous;
Tout son feu se resout en ardeur de courroux;
Et quand j'auray rendu vostre honte publique,
Vostre coupable hymen n'aura rien qui me picque.
Allez, ce procedé, Lucile, est odieux:
A peine en puis-je croire au rapport de mes yeux;
C'est de toute pudeur se montrer ennemie:
Et vous devriez mourir d'une telle infamie.
LVCILE.
Vn semblable discours me pourroit affliger
Si je n'avois en main qui m'en sçaura vanger.

AMOVREVX.

Voicy venir Ascagne, il aura l'avantage
De vous faire changer bien viste de langage,
Et sans beaucoup d'effort.

SCENE VIII.

MASCARILLE, LVCILE, ERASTE, ALBERT, VALERE, GROS-RENE', MARINETTE, ASCAGNE, FROSINE, POLIDORE.

VALERE.

Il ne le fera pas,
Quand il joindroit au sien encor vingt autres bras:
Ie le plains de deffendre une sœur criminelle :
Mais, puis que son erreur me veut faire querelle,
Nous le satisferons, & vous, mon brave, aussi.
ERASTE.
Ie prenois interest tantost à tout cecy ;
Mais enfin, comme Ascagne a pris sur luy l'affaire,
Ie ne veux plus en prendre, & je le laisse faire.
VALERE.
C'est bien fait ; la prudence est toûjours de saison;
Mais...
ERASTE.
Il sçaura pour tous vous mettre à la raison.

R v

Luy ?
POLIDORE.
Ne t'y trompe pas ; tu ne sçais pas encore
Quel estrange garçon est Ascagne.
ALBERT.
Il ignore
Mais il pourra dans peu le luy faire sçavoir.
Sus donc que maintenant il me le fasse voir.
MARINETTE.
Aux yeux de tous ?
GROS-RENE'.
Cela ne seroit pas honneste.
VALERE.
Se mocque-t'on de moy ? je casseray la teste,
A quelqu'un des rieurs. Enfin, voyons l'effet.
ASCAGNE.
Non, non, je ne suis pas si méchant qu'on me fait:
Et, dans cette avanture où chacun m'interesse,
Vous allez voir plûtost éclater ma foiblesse
Connoistre que le Ciel, qui dispose de nous,
Ne me fit pas un cœur pour tenir contre vous,
Et qu'il vous reservoit pour victoire facile,
De finir le destin du frere de Lucile.
Ouy, bien loin de vanter le pouvoir de mon bras,
Ascagne va par vous recevoir le trépas :
Mais il veut bien mourir, si sa mort necessaire,
Peut avoir maintenant dequoy vous satisfaire,
En vous donnant pour femme en presence de tous
Celle qui justement ne peut estre qu'à vous.

VALERE.
Non, quand toute la terre apres sa perfidie,
Et les traits effroatez....

AMOVREVX.

ASCAGNE
Ah ! souffrez que je die,
Valere, que le cœur qui vous est engagé
D'aucun crime envers vous ne peut estre chargé :
Sa flâme est toûjours pure, & sa constance ex-
trême ;
Et j'en prens à témoin vostre pere luy-mesme.
POLIDORE.
Ouy, mon fils, c'est assez rire de ta fureur,
Et je voy qu'il est temps de te tirer d'erreur :
Celle à qui par serment ton ame est attachée,
Sous l'habit que tu vois à tes yeux est cachée ;
Vn interest de bien dés ses plus jeunes ans
Fit ce déguisement qui trompe tant de gens ;
Et depuis peu l'amour en a sceu faire un autre,
Qui t'abusa joignant leur famille à la nostre.
Ne va point regarder à tout le monde aux yeux ;
Ie te fais maintenant un discours serieux :
Ouy, c'est elle, en un mot, dont l'adresse subtile,
La nuit receut ta foy sous le nom Lucile,
Et qui par ce ressort, qu'on ne comprenoit pas,
A semé parmy vous un si grand embarras.
Mais, puis qu'Ascagne icy fait place à Dorothée,
Il faut voir de vos feux toute imposture ostée,
Et qu'un nœud plus sacré donne force au premier.

ALBERT.
Et c'est là justement ce combat singulier,
Qui devoit envers nous reparer vostre offence,
Et pour qui les Edits n'ont point fait de deffence,

POLIDORE.
Vn tel évenement rend tes esprits confus ;
Mais en vain tu voudrois balancer là dessus.

VALERE.
Non, non, je ne veux pas songer à m'en deffendre;
Et si cette auanture a lieu de me surprendre,
La surprise me flate, & je me sens saisir
De merveille à la fois, d'amour, & de plaisir,
Se peut il que ces yeux ?......
ALBERT.
Cet habit, cher Valere,
Souffre mal les discours que vous luy pourriez
  faire.
Allons luy faire en prendre un autre ? & cependant
Vous sçaurez le détail de tout cet incident.
VALERE.
Vous, Lucile, pardon, si mon ame abusée....
LVCILE.
L'oubly de cette injure est une chose aisée.
ALBERT.
Allons, ce compliment se fera bien chez nous,
Et nous aurons loisir de nous en faire tous.

ERASTE.
Mais, vous ne songez pas en tenant ce langage,
Qu'il reste encore icy des sujets de carnage :
Voila bien à tous deux nostre amour couronné,
Mais de son Mascarille, & de mon Gros-René,
Par qui doit Marinette estre icy possedée,
Il faut que par le sang l'affaire soit vuidée.

MASCARILLE.
Nenny, nenny, mon sang dans mon corps sied trop
  bien:
Qu'il l'épouse en repos, cela ne me fait rien.
De l'humeur que je sçay la chere Marinette,
L'hymen ne ferme pas la porte à la fleurette,

MARINETTE.
Et tu crois que de toy je ferois mon galand?
Vn mary, passe encor; tel qu'il est on le prend,
On n'y va pas chercher tant de ceremonie:
Mais il faut qu'un galand soit fait à faire envie.
GROS-RENE'.
Escoute, quand l'hymen aura joint nos deux peaux,
Ie pretens qu'on soit sourde à tous les Damoiseaux.
MASCARILLE.
Tu crois te marier pour toy tout seul, compere?
GROS-RENE'.
Bien entendu, je veux une femme severe,
Ou je feray beau bruit.
MASCARILLE.
Eh! mon Dieu, tu feras
Comme les autres font; & tu t'adouciras.
Ces gens, avant l'hymen, si fâcheux & critiques
Degenerent souvent en maris pacifiques.
MARINETTE.
Va, va, petit mary, ne crains rien de ma foy,
Les douceurs ne feront que blanchir contre moy;
Et je te diray tout.
MASCARILLE.
Oh! las! fine pratique!
Vn mary confident!....
MARINETTE.
Taisez-vous, as de pique.
ALBERT.
Pour la troisiéme fois, allons nous en chez nous
Poursuivre en liberté des entretiens si doux.

FIN.

EXTRAIT DV PRIVILEGE du Roy.

PAR Grace & Privilege du Roy, donné à Paris le 6. jour de Mars 1666. signé par le Roy en son Conseil DENIS. Il est permis à GABRIEL QVINET, Marchand Libraire à Paris, d'imprimer, vendre, & debiter durant le temps & espace de six années, *Les Oeuvres de Moliere*, en un ou plusieurs volumes; & cependant deffences sont faites à tous Libraires, Imprimeurs, ou autres personnes, de quelque qualité ou condition qu'ils soient, d'imprimer, ou faire imprimer, vendre ny distribuer d'autre impression que celle dudit Quinet, ou de ceux qui auront droit de luy, à peine de quinze cent livres d'amande, confiscation des Exemplaires contrefaits, & de tous dépens, dommages & interests; ainsi qu'il est plus au long mentionné esdites Lettres, qui sont tenuës pour bien & deuëment signifiées, en vertu du present Extrait.

Et ledit Gabriel Quinet a associé audit Privilege, Thomas Ioly, Charles de Sercy, Louys Bilaine, Guillaume de Luines, Iean Guignard fils, Estienne Loyson, & Claude Barbin, aussi Marchands Libraires, pour en jouïr pendant ledit temps, suivant l'accord fait entr'eux.

Regiſtré ſur le Livre de la Communauté des Imprimeurs, & Marchands Libraires de Paris, ſuivant l'Arreſt de Parlement, en datte du 8. Avril 1653. Fait à Paris le 24. Mars 1666.

PIGET, Syndic.

Achevé d'imprimer le 23. Mars 1666.

www.ingramcontent.com/pod-product-compliance
Lightning Source LLC
Chambersburg PA
CBHW060051190426
43201CB00034B/678